A mes enfants et mes petits-enfants

« *Il se peut que le grand problème de notre vie ne soit pas tellement de vivre, mais finalement de naître !* »

CAMILLE HERDÈS

NÉE À 35 ANS

Editions

PROLOGUE

Une invitation à une réunion familiale ! Quelle belle surprise pour moi... Brigitte, femme de mon frère Maxime Driant décédé depuis quatre ans, a eu l'intelligence et l'ouverture de cœur de me considérer à nouveau de la famille. Famille : un mot que j'évite depuis tant d'années, car il me remplit de chagrin, de colère, de ressentiments... Néanmoins, je décide de me rendre à cette réunion avec un plaisir mêlé d'émotion. Moi, Clémence Driant, qui suis divorcée et remariée, je suis celle que mes parents ont rejetée pour la vie, rayée de la surface de la terre et même du paradis !

Tu n'es plus notre fille, nous ne te reverrons jamais,

pas même au ciel où nous, nous irons,

mais pas toi.

Ils ont tenu parole. Je ne les ai pas vus pendant vingt-cinq ans.

Ils sont maintenant décédés. La question du pardon me tourmente sans cesse ; je suis sur le chemin, mais où ?

Mon frère, chez qui je me retrouve donc invitée, cet homme intelligent,

Génial,

disait notre père. Lui non plus, n'a pas voulu revoir sa sœur qui faisait tâche et scandale, surtout dans l'environnement charismatique où il œuvrait et brillait. A son enterrement, auquel je me suis rendue bien sûr, j'avais prévu de lire un texte simple, fait de quelques souvenirs d'enfance. Je n'ai pas eu le droit de dire ce texte ; Maxime avait demandé une messe sans témoignages personnels.

J'ai posé ma feuille sur son cercueil à l'absoute, mais le Père, qui officiait, l'a ôtée et mise je ne sais où...

Personne ne savait que le grand homme avait une sœur. Après la messe, je me suis présentée :

Je suis la sœur de Maxime,

le vilain petit canard de la famille : je suis divorcée et remariée,

mise au ban de la famille.

La surprise des personnes présentes me faisait à la fois mal et très légèrement sourire.

Aux yeux de mon frère, mes activités ne valaient pas grand-chose. Ni assez, ni assez bien. Peu de temps avant qu'il refuse de me voir, j'entrepris de lui parler de SOS Amitié où j'étais écoutante depuis peu; il m'a interrompue pour me raconter que ma belle-sœur et lui étaient écoutants à SOS Prière, et que c'était merveilleux de participer aux attentes des appelants en priant avec eux etc. SOS Amitié avait-il de l'intérêt pour lui ?

Je fais un rapprochement avec une anecdote survenue en 1972.

Ma fille est au Jardin d'enfant : la maîtresse m'appelle à la sortie de la classe pour me raconter une conversation entre quelques « trouspinettes » de 6 ans :

– *Moi, mon papa il a une voiture toute noire et brillante.*

– *Moi, mon papa il a des fauteuils en cuir qui sentent bon,*

– *Moi, mon papa, il sait piloter des avions,*

A ce moment, Barbe, ma fille, intervient nettement :

– *Eh bien, moi ! Mon grand frère est aux antibiotiques...*

Elle a eu le dessus !

Lorsque mon frère m'a interrompue, j'ai presque regretté qu'il n'ait pas dit « nananère » à la fin de sa phrase...

1

Je suis née en février 1940. Maxime avait 7 ans. Ma mère avait coutume de décrire la fierté ressentie par mon père en pesant ce gros bébé de 3 Kilos 810 grammes ; il insistait sur les 10 grammes. J'ai appris beaucoup plus tard qu'à l'époque de la grossesse, mon père habitait chez une autre femme... Nous n'étions que deux enfants dans une famille de la bonne bourgeoisie parisienne, où les enfants vouvoient leurs parents.

Pendant la grossesse de ma mère, un jour d'absence de mon père, Maxime avait imaginé une bonne blague : annoncer à son père, à son retour, que le bébé à venir était une petite négresse... Quand je suis arrivée au monde il m'a regardée et hoché la tête :

Elle est bien, mais elle n'est pas noire.

Dès ma naissance, j'ai déçu mon frère !

Il racontait néanmoins à ses amis avec une certaine fierté, que sa petite sœur gagnait toujours aux billes, au jardin du Trocadéro, tout proche de chez nous. L'appartement, situé à l'angle, au bout d'une impasse, qui rejoint par des escaliers le boulevard en contre-bas, se retrouve finalement au niveau du premier étage de la tour Eiffel. C'était une plateforme de lancement idéale pour les bombes à eau que Maxime et sa bande m'avaient appris à fabriquer. Je me débrouillais aussi bien, sinon mieux qu'eux. J'étais heureuse quand les amis de mon frère venaient chez nous ; j'étais la petite sœur qui n'était pas dérangeante, et dont on tirait les nattes, parfois trop fort, (n'est-ce pas, Gilles ?). J'avais aussi une amie qui venait quelque fois le samedi, mais je ne me sentais pas comme faisant partie d'une famille.

Des souvenirs de la guerre ?

Oui, quelques-uns, malgré mon très jeune âge.

« Mon nana » tout d'abord, une nurse alsacienne qui m'a élevée les deux premières années, mais qui a dû rejoindre sa région si perturbée depuis la guerre de 1870. Je la revois, ajustant son voile devant la glace ; je l'attendais, mon seau et ma pelle à la main. Nous allions au jardin du Trocadéro où les pâtés de sable ont précédé les jeux de billes. Pendant des années, ma mère évoquait en riant ses difficultés à me faire manger après le départ de ma nurse :

Mon nana a dû tout lui « passer »

caprices et nourriture, sans doute ! Je refusais de m'alimenter, après le départ de

Mon nana.

Françoise Dolto, qui est-ce ?

Il paraît aussi, que pendant quelques jours, j'ai eu droit à des sardines à l'huile dans mon biberon, les aliments pour bébés venant à manquer. A suggérer aux mamans actuelles dont les enfants présentent des difficultés à se nourrir !

Soixante-dix ans plus tard, dans mes oreilles actuelles, j'entends encore la sirène annonciatrice de bombardements et suivie de la cavalcade des habitants de l'immeuble vers les caves. Ils se retrouvaient, engourdis de sommeil et angoissés, dans l'escalier de service, en pyjamas et chemises, sauf l'un d'eux qui restait au troisième étage en pestant contre :

Ces salauds d'Allemands qui, en plus, nous empêchent de dormir.

Il n'avait pas totalement tort, puisque la cave de notre immeuble, au niveau du premier étage du boulevard en contre-bas, n'offrait pas une grande protection !

A la suite du décès de mes parents, en 1987, en préparant la vente de leur appartement, j'ai localisé sans difficulté cette cave où était installé pendant la guerre un berceau pliant rose. Pendant des années, la porte en était restée ouverte, la vitre de la fenêtre cassée. Ma belle-sœur et moi avons vidé tout ce que mes parents avaient accumulé depuis 1940. Le débarras du bazar de la cave et des fonds de placards nous posait un vrai problème. Le jour du déménagement, je rattrapai dans l'escalier un brocanteur que Brigitte avait renvoyé. Il disait être :

Monté pour voir s'il y avait quelque chose à vendre

Je le menai à la cave où j'avais repéré deux malles Vuitton qui avaient stagné sous la fenêtre ouverte pendant des années. Nous sommes convenus, lui et moi, de la somme de deux cents francs. Je les ai empochés. Il s'est avancé pour soulever l'une des malles... dont le fond est resté collé sur le sol de terre battue... Je n'avais pas prévu le coup. Je fixai le plafond, évitant le regard gêné de Brigitte et celui du brocanteur.

Ce sont les risques du métier !

En réalité, il avait fait des bonnes affaires le matin-même dans l'appartement, et je n'ai aucun remords...

De la période de la guerre, je garde également le souvenir précis de l'irruption imprévue dans l'appartement, de mon oncle Bob, frère de ma mère, et de sa fuite précipitée par l'escalier de service, pour rejoindre les toits. La concierge avait utilisé le téléphone intérieur de l'immeuble pour nous prévenir de l'arrivée des Allemands au bout de l'impasse. Je ne comprenais rien, évidemment, mais étais heureuse d'entendre :

Ah ! Bien ! Il a réussi à se sauver, cette fois encore.

Plus tard, j'ai appris que son nom de résistant était « le Mouron rouge » et que, parfois, l'un des messages entendus à la TSF le concernait. Après les messages, je reprenais à tue-tête :

Pom, pom, pom, pom, ici « l'ombre ».

Un autre souvenir datant de cette période :

Je n'avais pas voulu dire merci à la dame de la cuisine. Toutes exhortations et menaces furent inutiles ; je me suis retrouvée punie, en petite culotte sur le palier, la porte de l'appartement fermée. Ce qui m'angoissait le plus était l'idée que l'ascenseur pourrait s'arrêter à notre étage. J'entendais la voix de ma mère à travers la porte, m'encourageant fortement à revenir à de meilleures manières. Rien n'y fit et je fus mise au lit et à la diète jusqu'au lendemain. Quelques semaines plus tard, ma mère entrait dans une rage signe révélateur d'un drame domestique. La même dame de la cuisine, que j'appelais

Bidine,

avait été surprise en flagrant délit d'ébriété, trimballant mollement son balai sur le carrelage de la cuisine, après avoir bu de l'alcool à brûler ! J'ai perçu en moi comme un sentiment de justice et de vengeance, lorsqu'elle fut, enfin, vraiment « remerciée »...

Août 1944, fin de la guerre à Paris. Je regardais depuis le balcon, les troupes allemandes descendre le boulevard en contrebas de l'appartement. Mon père était venu me chercher dans ma chambre :

– Viens voir les Allemands, regarde-les bien, tu ne les verras plus...

– Oh, c'est dommage !

Je les avais toujours vus, admirés sans doute, dans leur bel uniforme...

Quelques années plus tard, j'entrais au Collège Sainte Marie, où j'ai fait de mauvaises études de paresseuse. Jupe plissée bleu marine, chemisier bleu, blanc le mercredi, jour de la messe de semaine, tablier-chasuble, chaussettes blanches et béret-galette sur lequel était imprimé « Sainte Marie » en lettres dorées. Tous les mercredis, j'espérais que ma mère assisterait à la messe comme d'autres mamans. Jamais.

Elèves de Sainte Marie, nous étions repérées dans le quartier par notre béret, à tel point qu'un jour, je fus appelée dans le bureau de la Directrice, après le déjeuner:

Alors, Clémence, on chante dans le métro ?

En effet, à la sortie de midi, je m'étais mise à chanter bien fort dans les couloirs du métro par lesquels je devais passer pour ne pas traverser les rues :

Ma cabane au Canada bien blottie au fond des bois...

Les professeurs de ce collège avaient l'habitude de nous demander comment la vie se déroulait à la maison. Pour ma part, je restais muette. Mon père m'avait raconté qu'un de ses amis, avait suggéré à sa fille de répondre :

Le samedi soir, mon père rentre saoul...

Elle l'avait fait et avait été sévèrement punie !

Mes meilleurs moments en classe étaient le jeu de ballon prisonnier où je tapais si fort que toutes mes amies voulaient être dans mon camp. L'année de la classe de septième fait partie de mes très bons souvenirs. Je garde intactes dans ma mémoire, des règles simples répétées à la fin des cours de l'après-midi, bureau rangé, bras croisés sur le cartable, en attendant la sonnerie de la sortie :

Ensemble, parmi, malgré, ne prennent jamais d'« S »

il n'y a qu'un « L » au milieu de milieu...

Et bien entendu, les tables de multiplication, tricotées à l'endroit et à l'envers.

Cette femme professeur était extraordinaire de pédagogie intelligente.

Comble de bonheur, sa fille, du même acabit, fut mon professeur principal en classe de troisième : mes deux meilleures années, celles pendant lesquelles je travaillais. Le professeur d'histoire m'a tout de même enlevé deux points à une composition que j'avais particulièrement bien réussie sur « Les causes de la Révolution », car j'avais écrit :

Louis XIV est parti en vacances de Pâques à Versailles.

A part ces deux années, pendant toute ma scolarité, j'évoluais avec un sentiment profond de nullité (nullité toute relative, car due à ma paresse) ; je vivais dans l'angoisse d'être interrogée.

En classe de quatrième, un des professeurs dont j'avais peur, m'a interpellée :

Enfin, vous, Clémence, qui avez un frère si brillant,

Vous n'avez pas honte de travailler aussi mal ?

Elle savait que Maxime excellait dans ses études chez les Jésuites. Elle m'a fait mal ; bien entendu, j'avais honte... La coquille, dans laquelle je me réfugiais, s'en est retrouvée durcie.

La fille de nos voisins de palier, plus âgée que moi, se chargeait de m'accompagner à Sainte Marie où elle était également élève. Dès les petites classes, je rêvais d'une maman qui viendrait me chercher à la sortie de l'école et qui me ferait réciter mes leçons. Ma répétitrice de piano venait une heure par jour. Elle a été bizarrement convertie par ma mère en répétitrice de leçons, sans mon avis et, sans doute, sans le sien, car elle est vite partie exercer son vrai métier ailleurs.

Ma honte d'avoir été une si mauvaise élève est telle que j'ai toujours laissé croire que j'avais réussi sans difficulté les deux bacs que l'on passait à l'époque, alors que j'ai loupé l'oral de rattrapage du deuxième. L'examinateur de philo doit avoir souvent parlé et ri de mon cas : il me fut impossible d'émettre un seul son en réponse à la question posée que je connaissais pourtant suffisamment... Hébétée, totalement paralysée, en état de sidération complète, comme devant un serpent.

Impossible de sortir un son. Il me regardait, ne m'aidait pas, je baissais la tête en espérant que le sol s'ouvrirait sous moi... Mon fils Jérémie, parmi tous les reproches qu'il me fit, la dernière fois que je l'ai vu, parla de

Ce mensonge de plus.

Ce jour-là, j'ai pris conscience du fait que mon fils ne me connaît vraiment pas. J'y suis pour beaucoup, certes. Je n'ai appris à parler qu'après ma « renaissance ».

Outre le ballon prisonnier, je ne fus vraiment bonne qu'en anglais, grâce à Miss Burletson, « a real english teacher », coiffée comme il se doit, d'un chapeau gris l'hiver et bleu marine au printemps. Elle me faisait comprendre combien elle serait heureuse d'être invitée à un repas chez nous, comme chez les voisins du dessous. Je repérais ses allusions, les transmettais à ma mère ; elle a toujours rejeté sa demande avec dédain. J'avais honte pour elle, comme dans les magasins où elle m'emmenait parfois. Elle traitait les vendeuses de très haut. Finalement, je préférais qu'elle achète mes vêtements sans moi... Ma fille, qui me vouvoie également, m'a dit, il y a quelque temps, mi-figue, mi-raisin :

Vous aussi, vous avez acheté mes vêtements sans moi...

A ce moment-là également j'ai compris que mes enfants n'ont pas de bons souvenirs.

Et les choux de Bruxelles ? Toutes les semaines !

J'ai un blanc complet du côté choux de Bruxelles. Je les déteste...

Mon père était éloigné la plupart du temps, même lorsqu'il était présent à la maison. J'ai néanmoins vécu de bons moments avec lui.

Toute jeune, j'étais son co-pilote pour aller ranger la voiture au garage après le dîner, Nous rentrions en sautant tous les deux d'un pied sur l'autre dans la rue.

Nous partagions aussi des secrets : je faisais semblant de croire que je me prenais pour un chat, et il entrait dans le jeu

Je sais que tu es un chat, c'est entre nous.

Parfois, je me hissais sur ses genoux. Tout en continuant à lire le journal, il murmurait à mon oreille :

Ne le dis à personne, je ne connais que la lettre Z.

Très fière de partager ce secret avec lui, je ne l'ai jamais divulgué.

Il ne rentrait à la bonne heure du déjeuner que l'année où, à la radio, on diffusait l'émission de Pierre Dac : Malheur aux barbus. Nous n'y coupions pas à ces barbus et personne ne se rasait...

J'avais six ou sept ans quand il m'a proposé d'aller au cinéma. J'ai mis ma main dans la sienne, avec joie. Nous avons pris notre place dans la file d'attente. A la caisse, mon père a acheté deux billets qu'il a rangés dans son portefeuille.

Tu vois, nous sommes allés au cinéma !

Oui… je lui en ai un peu voulu.

2

Quelques années plus tard, lorsque ma mère restait à la campagne pour s'occuper de ses parents, nous y sommes allés, au cinéma : « Le mécano de la Générale » de Buster Keaton. Nous étions hilares, tous les deux.

Le summum du plaisir fut atteint le soir où nous sommes allés au cirque Médrano. Mon père se rappelait le clown Grock qu'il imitait en riant.

Je ne sais comment, le chat, Keddy, a fait son entrée chez nous. Sur ses gouttières il avait certainement eu la vie dure. Grimpé aux rideaux du hall de l'appartement, il guettait mon passage pour faire de même sur mes jambes, en me griffant méchamment. Je courrais à toute vitesse jusqu'à la chambre de mon frère, tout au fond de l'appartement et faisais une cabriole sur le lit ; il faisait de même, juste derrière moi. Ensuite, je ne devais surtout pas bouger, pour qu'il comprenne que ce jeu était terminé. En réalité, il avait un caractère de chien.

Néanmoins, une de ses habitudes nous plaisait beaucoup. A la phrase :

Madame est servie,

sans que personne ne bouge, il partait fièrement, la queue en paratonnerre, vers la salle à manger ; il s'installait dans la soupière en argent qui décorait la table. Là, il attendait notre arrivée en rêvant à des peaux de saucisson :

On ne sait jamais...

Keddy ne ressemblait en rien au chat Félix de l'histoire que j'ai écrite à l'âge de sept ans « Chat gentil et chien féroce ». Ce fut sans doute, ma première petite tentative de sortie de coquille. Ce chef-d'œuvre a été tapé à la machine, par la secrétaire de mon père, très fidèlement :

La femme de chambre rabatta les couvertures...

Mon frère, quatorze ans à l'époque, m'avait beaucoup encouragée à écrire.

Que faisait ma mère ? Ses occupations étaient mystérieuses pour moi. Je ne lui ai pas connu d'amies. Elle parlait souvent de la Salle Drouot où elle assistait aux ventes aux enchères, avec délice et coups de foudres fréquents pour des objets de toute sorte. Toujours élégante, habillée par une couturière qui venait très régulièrement. Et pourquoi faire? Pour se rendre à la Salle des Ventes ou résoudre des mots croisés, c'est inutile...

Malgré tout, elle reçut un 'thé de dames' à la maison. Maxime avait organisé un espionnage : en rampant par terre, nous nous sommes servi du long tuyau de l'aspirateur pour nous chuchoter nos impressions sur ce que nous lorgnions par la porte vitrée du salon.

Je rentrais seule de classe. Je trouvais un appartement sombre, sauf la cuisine et la lingerie où travaillaient deux sœurs bretonnes qui ne s'occupaient pas de moi.

Mon frère avait un rythme de vie différent du mien ; sept ans de différence. Malgré tout, nous avons passé de très bons moments en jouant au ping-pong dans le hall de l'appartement. Nos balles ont toujours réussi à rater la vitrine remplie d'objets chinois fragiles et précieux...

J'allais me coucher aussi toute seule, au fond du très grand appartement. Mes parents ne se dérangeaient pas ; pas de câlin. De ma chambre, j'entendais des bruits étranges provenant de la salle de bain adjacente : je les assimilais aux grognements d'un animal de genre tigre ou lion. Dans mon lit, je n'osais pas allonger mes jambes. J'avais été terrifiée par un documentaire sur les serpents, qui accompagnait le film Cendrillon. Certainement, au fond des draps, se lovaient quelques-unes de ces bêtes. De plus, le fermier de la maison bretonne où nous avions passé des vacances, en avait brandi sous mon nez, au bout de sa fourche. Je m'endormais dans la peur. A l'époque actuelle, je ne marche toujours pas sans crainte dans l'herbe.

Ma mère avait essentiellement un mari et un fils, tous les deux d'une intelligence hors d'atteinte. J'étais timide, renfermée, seule et fortement « encoquillée », caparaçonnée.

Après quelques expériences malheureuses, je n'osais plus poser de questions. J'avais demandé, l'année où mon frère partait pour l'Autriche :

La différence entre un visa et un passeport

Mon père avait vite répondu :

On ne pose pas de question idiote.

Plouf !

J'avais aussi abordé la question des bébés, à l'âge de neuf ans. Ma mère a été nette :

Ma pauvre petite, ce n'est pas de ton âge,

On verra ça plus tard.

Re plouf.

Ce n'était, certes, pas favorable à un développement épanoui et heureux ! Je me félicite de ne pas avoir osé demander si

Les antivols des voitures sont faits pour empêcher

les voitures de s'envoler ?

La question me démangeait ; heureusement, j'ai réussi à tenir le coup et à rester dans ma coquille.

En bref, j'ai eu, très jeune, le sentiment de ne pas être à la hauteur. Je me suis réfugiée dans un silence fait de manques et de peurs.

Je n'intéressais pas mes parents.

Mes grands-parents maternels, eux, ont tenu une place primordiale dans ma vie. Après la guerre, ils s'étaient installés sur les hauteurs de Nice. J'avais la grande chance de passer chez eux les petites vacances, avec ou sans mon frère. Là, je me gorgeais de câlins inconnus et merveilleux dans les bras de ma grand-mère ; je me blottissais contre ce que j'appelais ses

Balles mousses.

Mon grand-père, Daddy, tout colonel de gendarmerie qu'il fût, possédait un don précieux ; il inventait des histoires pour enfants. Rat Benoît, son héros, espèce de voyou de titi parisien, faisait les quatre cents coups dans les égouts de Paris, notamment pendant les visites de son cousin, rat des champs. Pendant le moment-câlin du matin, j'écoutais Daddy dérouler de nouvelles histoires de son héros :

Ça y est, Rat Benoît a encore fait des bêtises, écoute...

Il les « lisait » devant moi dans Nice matin. J'y croyais fermement.

Je devais parfois faire des devoirs de vacances, et je demandais toujours à Daddy de se charger des dictées : le meilleur moyen de ne faire aucune faute...

Lesssss moutonsssss paisennnnt dansssss lesssss présssss

Il me félicitait chaleureusement...

Daddy, était d'origine corse.

Plusieurs années plus tard, il m'a raconté l'histoire d'un de ses vieux oncles qui vivait dans la montagne corse. Il fallait deux heures à dos de mulet sur des chemins caillouteux, pour accéder à son espèce d'ermitage. Un jour, le facteur avait donné un coup de pied à son chien. Ce n'est pas chose à faire, en Corse... Une vengeance ? L'oncle mit plusieurs jours à la peaufiner: il finit par s'abonner à un quotidien ! Et tous les jours, le facteur se tapait le dos du mulet... C'est quand même plus intelligent que de se tirer dessus. Pour pimenter un peu l'histoire, la famille ajoutait que l'oncle savait à peine lire.

Ma grand-mère, provençale, peignait bien et beaucoup ; ses huiles et aquarelles étaient souvent exposées à Nice. Elle était généreuse, gaie ; elle chantait, elle m'aimait, elle me le disait, elle me le montrait. Daddy et elle jouaient souvent aux petits chevaux. J'avais le droit de lancer les dés. Ma grand-mère trichait de façon systématique et éhontée. Daddy s'en apercevait certainement et ne faisait aucune observation. Même sans un clin d'œil, entre nous la complicité était là. Nous savions et ne disions rien.

Ma grand-mère était joueuse, je le suis aussi. En faisant les comptes des courses, elle s'arrangeait pour se constituer une petite cagnotte qui lui permettait d'aller jouer au Casino. Je ne joue qu'au bridge...

A quatre-vingt ans, les yeux tout attendris, mon grand-père murmurait :

Qu'elle est jolie

lorsque que ma grand-mère venait de quitter le salon.

Ils m'ont montré et fait ce don précieux de la tendresse. Grâce à eux, j'en ai une représentation émerveillée. Je leur en suis toujours profondément reconnaissante, moi qui suis maintenant septuagénaire.

A Nice vivait également

Tante Maïa,

sœur aînée de ma grand-mère, très originale, partie jeune de sa Provence natale pour le Mexique, afin d'y épouser un « Baron » de Liesta. Elle y vécut longtemps puis revint en France, à Nice, sans Baron ni enfant, mais avec un perroquet et un goût fort développé pour les épices. Les épices, elle en arrosait le jambon de Paris que lui offrait ma grand-mère, quasiment tous les soirs à dîner. Quant au perroquet, il avait fait la traversée à bord d'un bateau portugais et, certes, il avait de la mémoire. Tante Maïa installait sa cage au soleil, devant la fenêtre ouverte, au premier étage. Un passant est monté, dans une fureur justifiée :

– Qui habite ici ? Je veux voir la personne qui m'a insulté

d'une façon inadmissible ; elle habite chez vous...

– Mais Monsieur, je vis seule avec mon perroquet !

– Eh bien, Madame, dites-lui de ma part qu'il est un grossier personnage...

– Bien sûr, Monsieur, excusez-le, je vais le gronder...

Ma tante ne connaissait pas un mot de portugais.

Le soir, tante Maïa tardait parfois à aller se coucher ; le perroquet la rappelait à l'ordre, comme le Baron :

Maïa, va te coucher.

Maïa va te coucher

Très célèbre à Nice, elle n'entrait au cinéma que s'il restait une place au huitième rang, quelle que soit la distance entre l'écran et la première rangée des spectateurs. Elle traversait les rues et les rails du tramway sans regarder, juste en levant sa canne ou son parapluie. Les véhicules se sont toujours arrêtés...

Mes si chers grands-parents aimaient me faire plaisir. Une fête eut lieu à côté de chez eux. La pêche à la ligne, la loterie, le chamboule-tout...et un stand où l'on vendait des petites souris blanches. Je n'eus qu'à les regarder, les souris ! Ma grand-mère m'en a fait choisir une, toute petite, blanche, museau et queue roses. Au premier regard, nous nous sommes adoptées mutuellement. Chez mes grands-parents traînait une ancienne cage à oiseaux où j'installais Gustave. Quelle joie ! Je le sortais parfois de sa prison, en prenant toutes sortes de précautions pour qu'il ne s'enfuie pas. Une nuit, j'entendis des gratouillis répétés. En allumant ma lampe de chevet, j'ai découvert un extraordinaire spectacle : toute une ronde immobile de souris grises venues voir leur amie encagée ! Elles se sont enfuies et Gustave et moi nous sommes rendormis, très heureux tous les deux.

Evidemment, pas question de laisser Gustave à Nice. Ma grand-mère acheta un panier aéré, avec couvercle et deux anses ; j'y installai Gustave, du fromage et quelques feuilles de salade, pour qu'il supporte mieux les heures du voyage. Ce panier est toujours chez moi : j'y range du matériel de couture. Le souvenir de mes grands-parents me saute au cœur dès que je m'en sers.

Dans le train, j'entrouvrais souvent le couvercle du panier pour caresser Gustave ; les dames qui partageaient notre compartiment poussaient des cris que Gustave et moi jugions ridicules. Gustave a vécu plusieurs mois à Paris, jusqu'au jour où ma mère m'a annoncé :

– *Il s'est enfui par un trou à côté du radiateur de ta chambre...*

– *Il n'y pas de trou, ce n'est pas possible !*

– *Mais si, ma pauvre petite, puisque je te le dis...*

Ce fut horrible. Je ne l'ai pas crue, bien entendu ; je n'ai rien dit, mais je l'ai longtemps pleuré, en silence.

Je m'attarde sur le sujet « tendresse ». J'en ressens toujours le manque énorme, peut-être démesuré. J'ai encore besoin de câlins, de contacts, de mots affectueux. Ce retard ne sera sans doute jamais comblé. Une enfance gâtée dans un milieu aisé, ne manquait que la tendresse.

J'ai vécu une expérience significative, qui s'est passée presque cinquante ans plus tard.

Je suis installée « à l'écoute », dans le bureau de l'association SOS Amitié ; une femme assez âgée appelle. Je ne pressens aucune urgence, aucun drame, aucune peur dans sa voix.

J'ai pris mes cachets pour bien dormir.

Je lui parle avec précaution, ne connaissant pas les conditions de sa vie, ni son état de santé. J'évoque la chaleur douce du soleil et le bien-être ressenti ; cette fin de journée d'automne qui apporte à toutes les deux une paix tranquille. Je comprends qu'elle n'attend pas autre chose, pas plus. Je la berce, en quelque sorte, avant qu'elle ne s'endorme, tout en lui disant de ne pas oublier de raccrocher son téléphone si le sommeil la gagne... A peine a-t-elle mis fin à notre échange anodin, que je fonds en larmes et suis même prise de violents sanglots remontant du fond de moi-même. Je pose le combiné sur la table, pour ne pas avoir à répondre à un autre éventuel appel. Je ne peux contenir ce chagrin qui me surprend par sa soudaineté et sa profondeur. Le lendemain, en réunion, je parle de cet épisode si étonnement douloureux pour moi. La psychologue chargée de la formation continue des écoutants m'a gardée après la réunion. Elle me demanda avec une certaine gravité, qui, dans ma jeunesse, m'avait prodigué de la tendresse.

– *Personne...*

– *Cherche bien. Prends ton temps !*

Il est certain que quelqu'un t'a aimée et montré de la tendresse.

– *?????*

– *Tes parents ? Ta maman ?*

– *Ah, ça, non !*

– *Cherche...*

– *...Oh, oui, bien sûr! Mes grands-parents maternels et ma nurse pendant mes deux premières années.*

– *Tu vois ! Ce moment passé avec cette appelante t'a fait revivre ce que tes parents ne t'ont pas donné mais que tes grands-parents et ta nurse ont su mettre en toi. Tu as une grande tendresse, enfouie au fond de toi-même, dont tu n'as pas conscience... Tu as un abord un peu raide, parfois dur, mais ta tendresse ne demande qu'à s'exprimer. Tu en as également un grand besoin pour toi-même...*

Elle m'a prise dans ses bras, m'a bercée comme je l'avais fait avec l'appelante. Je pleurai abondamment.

Elle m'a fait découvrir que je n'avais pas totalement manqué du principale de la vie. Je pouvais également être perçue différemment, pas seulement raide ou dure... Elle m'a fait un bien énorme. A cette période de ma vie, j'avais réussi à m'extirper de ma coquille, pourtant mes anciennes cicatrices n'étaient pas loin, toujours prêtes à se rouvrir.

Dans ma chambre de petite fille, le sol était recouvert d'une moquette verte que j'arrosais en douce, sur une toute petite surface, pour la faire pousser comme de l'herbe ; expérience ratée et remontrances justifiées.

Le radiateur comportait un humidificateur dans lequel je versais les tisanes que ma mère voulait me faire boire... Un très bon jour, le médecin avait vraiment dû se déplacer : ma toux résistait étonnement aux tisanes. Je demandai devant ma mère si

Il est vraiment indispensable de manger des épinards ?

Mon frère et moi les détestions. Il a tout compris :

Non, bien sûr, ce n'est nullement obligatoire pour se faire

une bonne santé. De plus, les épinards contiennent

beaucoup moins de fer que ce que l'on dit.

Gagné !

En 1950, ma mère découvre l'Amérique, du moins le Nord, le modernisme des cuisines, le confort et le chauffage individuel dans les appartements. Elle rentre en France, décidée, soit de déménager, soit de diviser le grand appartement en deux, dont un petit qui serait vendu pour payer les frais des travaux. Une période houleuse débuta entre mes parents, une de plus. La décision fut assez vite prise : comment trouver un autre appartement qui possède une telle vue sur Paris, d'Est en Ouest et sans voir un toit ? La boucle formée par la Seine, les tours de Notre Dame dans le lointain à gauche et les collines de Suresnes à droite ? Impossible. Donc, pas de déménagement et en avant pour des travaux. Tout a été transformé... De l'ancien appartement ne reste qu'une toute petite porte.

Cette opération, entreprise par mes parents (ma mère en tête), a duré un an.

Mon frère est en hypotaupe au lycée Saint Louis, je suis à l'école, j'ai dix ans. Plus de Gustave mais deux perruches dans une cage : Cunégonde et Artémise ; j'ai appris à lire en grande partie avec La Famille Fenouillard. Certains soirs, mon frère et moi cherchons où placer notre lit pour bien dormir. Tous les corps de métier sont présents. Les maçons m'apprennent à jouer aux fléchettes. Les électriciens racontent des histoires incompréhensibles, pour moi. Il faut éviter de marcher sur le mâchefer ; le sol du hall doit être remplacé par du comblanchien. Un carreleur a travaillé toute une nuit, pour ne pas interrompre la pose des mosaïques sur les murs de la douche. La porte d'entrée est restée ouverte en permanence pendant plusieurs mois.

Il fallut apaiser les réclamations des voisins :

Arrêtez ces travaux, c'est insupportable

Il fallut obtenir l'autorisation de se désolidariser du chauffage collectif. Pour que la chaleur fournie par la chaudière à gaz, installée dans la cuisine, atteigne les chambres de service, il fallait bien faire passer des tuyaux à travers l'appartement des voisins du dessus...

Une tranche d'année que le chat Keddy a mal supportée, par la force des choses : le bruit était tel que personne n'entendait ses miaulements... Un électricien a fini par localiser une sorte de plainte dans le tiroir d'une commode mise à l'écart. Après avoir attaché une corde aux poignées, il nous a conseillé de reculer. Je m'attendais à quelque chose comme une explosion. C'en fut une, lorsque le tiroir s'est ouvert ! Le pauvre chat, hérissé, scandalisé et affamé a surgi ; il s'est rué vers la porte d'entrée ouverte. On ne l'a plus revu et on le comprend. Les gouttières

Miaou, y'a qu'ça d'bon

Pendant les travaux, ma mère déambulait de pièce en pièce, enveloppée tout l'hiver dans une houppelande, tachant d'endiguer une sinusite tenace grâce à des fumigations permanentes. Mon père se rendait encore plus souvent en Lorraine, où il entreprenait des travaux de construction d'usines. Maxime réussissait à travailler en restant à l'étude de la classe préparatoire aux concours. Ma paresse se confirmait. Deux appartements ont été aménagés dans l'ancien qui mesurait 400 M2: *le petit*, fait dans les chambres de l'ancien; *le grand*, aménagé dans les seules pièces de réception.

Le corps de métier qui fait le plus de saleté ? Celui des staffeurs. Du plâtre pour des arrondis et des angles parfaits, une très grande échelle pour accéder au plafond élevé ; et la certitude d'être les plus importants du chantier. Le patron, du haut des barreaux, chantait remarquablement la Messe des Morts. Son apprenti, à terre, lui tendait les outils et le plâtre. Il parlait bas :

– Tu as entendu comment les enfants appellent leurs parents dans cette famille?
– Ben oui, bien sûr, espèce d'idiot ! Dans les grandes familles, c'est toujours ainsi : les enfants appellent les parents par leur prénom...

L'explication date de 1948 : le bureau de l'ancien appartement, seule pièce chauffée après la guerre, par un poêle à bois. J'ai huit ans, je suis à plat ventre par terre, appuyée sur mes coudes. Je lis avec délice le premier livre de Babar le petit éléphant. Mon père porte un pantalon de velours vert. Arrivée à la page où le futur Roi Babar achète un costume vert dans un grand magasin, je décide :

Je ne vous appellerai plus papa et maman

comme tout le monde, mais Babar et Céleste.

Maxime est le coquin d'Arthur et moi le singe Zéphyr.

Décision qui perdure car, de nos jours, mes enfants et nièces parlent de Babar et Céleste, leurs grands parents ! Mon père m'appelait souvent Zéphyr.

Aucun doute, les staffeurs sont des êtres dominants...

Une quarantaine d'années plus tard, à l'époque où mes parents m'enlevaient toute existence, ma mère a trouvé ridicules ces noms de Babar et Céleste, et, sans noter sa contradiction, me dépossédait aussi de cette trouvaille.

Ma pauvre petite, c'était ton frère qui avait décidé et pas toi...

1952. Les travaux sont terminés. Le *petit* appartement a été vendu. La vie dans le *grand* s'écoule normalement, c'est à dire en incluant les disputes quasi permanentes entre mes parents.

Ils ont acheté une maison en Normandie où ils passent toutes les fins de semaine.

Ma mère fait de la tapisserie au petit point et se rend toujours à la salle des Ventes. Mon père est absent une semaine sur deux. Maxime est reçu à l'Ecole polytechnique. Je suis à Sainte Marie où j'ai toujours peur d'être interrogée. Maxime sort énormément ; il est amoureux non-stop. Après une période 'américaine', il se fiance à une jeune fille qui déplait aux parents. A ce sujet, les disputes atteignent leur paroxysme

Il fiche sa vie en l'air, il se trompe

les grands mots... Je suis même chargée, moi la petite sœur, de faire retrouver la raison à Maxime. Il finit par rompre les fiançailles.

Intérieurement, je prends toujours parti pour mon père ; en ce temps-là, il n'est pas encore descendu du piédestal où je l'ai longtemps installé.

Il travaillait toujours énormément. Je revois les deux gros cartables remplis de dossiers qu'il emportait à la campagne. Après le déjeuner, il montait dans son bureau où parfois, il

Travaillait à poings fermés.

Pour se détendre, il aimait entreprendre de tondre la pelouse. Là, nous guettions le moment où il reviendrait, sans la tondeuse, mais avec

La tête du monsieur qui vient de casser sa tondeuse.

C'était rituel. Le lundi matin en arrivant, le jardinier le savait déjà...

Mon père était absent, sur tous les plans ; à part la future carrière de Maxime et ses propres difficultés pour mener à bien les constructions qu'il avait entreprises, pas grand-chose ne retenait son attention. Cela, pendant des années. L'humeur de ma mère était plus que changeante et ses affirmations ne pouvaient être que vraies. Tous voyaient un fauteuil rouge

Mais enfin il est bleu,

il ne sera jamais rouge, ni vert, à la rigueur...

Dans les années 80, mon père est maintenant à la retraite. Un matin, à la campagne, il fit un malaise mal défini. Quand ma mère me téléphona la nouvelle, j'émis l'hypothèse d'un infarctus...

Ma pauvre petite, tu n'y connais rien,

il n'a pas digéré le jus d'orange et c'est tout...

Le lendemain, malgré sa fatigue, il partit comme d'habitude, faire les courses de la maison en voiture. Dans le village voisin, il s'est évanoui au volant ; heureusement, la tôle de la voiture était épaisse : il ne fut pas blessé. Le médecin du village, appelé en urgence, a diagnostiqué un infarctus. Ambulance pour Paris et hospitalisation. Je suis allée le voir au Service de Réanimation. Il s'était un peu requinqué, suffisamment pour me demander pourquoi on l'avait installé

A côté d'un cochon qui grogne sans arrêt ?

Son voisin ronflait comme un soufflet de forge et geignait beaucoup.

Pour la première fois, il m'a parlé de lui. Il souhaitait voir des cousins d'Amérique du Sud dont il avait retrouvé la trace; ceux-ci venaient à Paris le mois suivant.

– Bien sûr ! C'est une très bonne idée.

– Oui, mais ta mère ne voudra jamais les recevoir...

– Pourquoi ?

– Ça l'ennuie

– ...? Mais, moi ! Je vais organiser la rencontre, chez moi !

– Ta mère ne voudra jamais... c'est trop compliqué...
tant pis... n'en parlons plus, ne lui en parle pas...

Je ne suis pas arrivée à le convaincre, ni à le détendre. C'est la première fois où il s'est dévoilé et montré si démuni, si désarmé...

A la suite de cet infarctus, mes parents ne sont plus allés à la campagne où mon père était si heureux ; ma mère refusait d'y retourner.

Au mois d'août suivant, je passe quelques semaines à Paris et vais marcher avec lui dans les jardins de Bagatelle où les chemins sont plats. Nous parlons de presque rien, jusqu'au moment où il m'avoue sa tristesse et son ennui de rester à Paris.

– *Pourquoi n'allez-vous pas à la campagne ?*

– *Ta mère ne le veut pas.*

– *Pourquoi ?*

– *Elle y serait moins aidée qu'à Paris.*

– *Mais il existe surement quelqu'un dans le village*
  qui pourrait faire les courses et la cuisine.
  Voulez-vous que j'essaie de trouver ?

– *Non...non ... j'ai bien réfléchi, tu sais...* **Mon rôle sur terre est d'être l'infirmier et le souffre-douleur de ta mère...**

– *Non... est-ce au détriment du reste ?*

– *Oui.*

– *De tout le reste ? Y compris au détriment de vos enfants ?*

– **OUI**

Si la page d'une histoire entre nous avait été commencée, au Service des Soins intensifs, le livre se refermait violemment... Plus rien à dire, ni à espérer... Deux solitudes qui ne pourraient jamais se rejoindre. Ce fut le cas.

3

Au printemps 1958, Maxime et Brigitte se sont mariés.
Une superbe cérémonie très parisienne. Tout était beau
et bien conforme aux attentes et projets des deux
familles. J'étais heureuse de la venue d'une sœur dans ma
vie ; c'est ainsi que je considérais Brigitte. J'avais de
terribles complexes à côté de cette jeune fille très à son
aise, élégante et charmante ; je lui offrais ma totale
affection. J'étais toujours isolée dans ma coquille bien
solide.

Cette même année, en octobre 1958, j'étais donc recalée à
mon bac... Ma mère eut alors une de ses rares bonnes
idées : elle réussit à m'inscrire au Sacré Cœur de Rome, à
La Trinité des Monts. Trois mois de découvertes : Italie,
Histoire de l'Art et Histoire de l'Eglise. J'y suis arrivée
huit jours après la mort de Pie XII. Je faisais partie d'un
groupe d'une vingtaine d'anciennes du Sacré Cœur (moi,
non), venant de plusieurs continents. Grâce à Mère
Lefebvre, une femme d'une intelligence et d'une bonté
extrêmes, j'ai commencé à me déplier un peu, à l'intérieur
de ma coquille encore fermée. Je me suis mise à parler.
Elle était d'une rare patience. Je passais des heures dans
son bureau, le soir, assise devant elle, sur une chaise

basse à haut dossier, comme celles des nourrices, ça tombait bien... Elle m'écoutait, les bras croisés enfouis dans les larges manches de son costume.

Je me posais tant de questions :

Des « gens bien »

Disaient mes parents d'eux-mêmes. Ce qui est sûr, c'est qu'ils n'étaient pas des parents comme les autres, des disputes, pas de souvenirs, pas de photos, pas même de leur mariage ou de mon frère petit, pas de famille, pas de fêtes, pas de Noëls, toujours un grand trouble en moi ; pas de messes et pourtant nous avions été inscrits dans des collèges religieux...

1948. J'ai huit ans. Je prépare ma Première Communion, dite « privée » à Sainte Marie. Je suis très intéressée et émue ; j'écoute tout, je regarde une diapositive représentant des clous

Comme ceux qui ont cloué Jésus sur la Croix

Mes yeux brillent de larmes de chagrin pour Lui. Je me confesse avec une grande bonne volonté ; je suis heureuse de pouvoir tracer des petites croix sur mon carnet de préparation ; ce sont les sacrifices que je fais

Pour mes parents

Je pressens depuis quelque temps que quelque chose « coince » chez nous.

Enfin, le jour arrive ; la cérémonie a lieu au Collège des Jésuites dont la chapelle est plus grande que la nôtre. Je repère bien où se placent mes parents et je leur souris. Je suis heureuse et fière de faire partie des amis de Jésus.

Le soir, je vais embrasser mon père, déjà couché, et lui demande :

– *Pourquoi n'avez-vous pas communié ce matin ?*

– *Heu !... C'est difficile...tu sais... va demander à ta mère...*

Je file vers elle. Même question :

– *Mais si ! Nous avons communié ton père et moi,*

   tu ne nous as pas vus, c'est tout.

Je ne les avais pas quittés du regard... Ce fut dramatique pour moi.

Plus tard, pourtant, j'ai menti moi aussi, à mes enfants.

En 1958, en écrivant à mes parents depuis Rome, j'avais suscité une grande peur : je sortais de huit jours de retraite, guidée par un Père Jésuite ; je me posais la question d'une éventuelle vocation... Houlà ! Ma mère est arrivée par le premier avion, dans la plus grande précipitation, fort agitée. Je la revois descendre de l'autocar venant de l'aéroport. Elle arborait, tel un étendard, un superbe sac en crocodile et n'avait pas l'air franchement détendu...

Bon, alors, je vais voir Mère Lefebvre aujourd'hui.

J'ai retenu une chambre à l'hôtel pour toi et moi.

Je vais rester quelques jours et je compte bien que tu rentres à Paris avec moi.

Je ne sais comment Mère Lefebvre a pu s'arranger comme il le fallait pour calmer le jeu ! Merci, merci ! Je suis restée deux mois de plus que prévu dans cette vie où je me détendais enfin. J'avais compris aussi que ma vocation n'était pas de rentrer dans les ordres.

Un soir, à l'hôtel, ma mère m'a posé une question étrange:

– Cette idée de vocation t'est-elle venue à cause de ton père et moi ?

– ...??...

Je réponds un vague :

– Non...

Je ne comprends pas, je suis troublée, je ne demande pas d'explication, je souhaite la paix. Devant ma mère je suis toujours très fermée. Le principal pour moi est de rester à La Trinité des Monts. J'étais devenue surveillante et professeur d'italien (ma seconde langue), dans les petites classes de ce Collège. Mère Lefebvre avait trouvé cet arrangement qui me permettait d'être hébergée par les Sœurs du Sacré Cœur. Je m'y étais fait une amie, française elle aussi, avec qui j'allai passer la Semaine Sainte à Assise. Dans le train, un jeune moine italien, pieds nus dans ses sandales, me souriait d'un air très engageant : il me faisait gentiment du gringue !

A propos de Rome, je retourne en 1955.

Je vais passer les dix derniers jours de vacances d'été, chez une amie de classe, à Cordes-sur-ciel. Je rentre du midi de la France, j'ai quinze ans, de longs cheveux blonds et suis couleur abricot. Je suis détendue. La grand-mère de Muriel m'accueille très gentiment ; sa tante, qui a une maison dans la région, également. Un après midi, un goûter est prévu chez des cousins. Un ami de la famille, Jacques, professeur d'anglais à Montpellier, rentre d'Ecosse. Il va nous conduire en voiture, il a 30 ans, pas de danger. C'est une Dauphine, je suis installée sur le siège arrière, derrière lui. Nos regards se croisent et s'attardent de plus en plus souvent dans le rétroviseur. Le trajet dure trop peu de temps. Chez la tante de Muriel, il nous entraîne dans des danses écossaises :

One, two, and set your partner, one more time...

Très amusant ce genre de bourrée auvergnate sans sabots, pieds nus dans l'herbe. Il faut cependant rentrer assez tôt pour nous rendre à la fête de Cordes, le même soir ; fête de fin d'été du village. Jacques vient chercher les « parisiennes ». Nous montons à pied jusqu'à la Halle du Marché où la fête est déjà bien lancée. Les dames, mères, tantes, femmes du village sont assises tout autour de la piste de danse : pia pia, pia, observations, et commentaires. Les musiciens se surpassent. Des confettis sont distribués aux quatre coins de la place, J'en fais des provisions et je m'empresse de les lancer à la tête de Jacques. Il est un peu interloqué quand il en reçoit plein la bouche.

Vengeance, vengeance,

en me poursuivant dans les ruelles pavées où je me réfugie.

La danse du balai est annoncée. Jacques et moi y courons, et recevons des coups de balai sur la tête, si nous ne nous accroupissons pas assez bas, surtout lui ; il mesure 1m 90. Nous avalons des poignées de confettis mêlés à des moucherons. Nous reprenons nos poursuites autour de la halle, suffoqués de plaisir, de vertige, d'étonnement, de confettis... Pour récupérer mon souffle, je m'arrête un moment devant le cercle des femmes. J'entends dire :

Clémence ne connaît pas encore le pouvoir qu'elle a sur les hommes...

Etrange, certes, et pas inintéressant ! Jacques et moi dansons avec ardeur et plaisir. L'heure passe ; nos duègnes annoncent le moment du départ. Sur la route descendant vers la maison, je ne sais plus où je suis. Ma tête tourne pour plusieurs raisons ; mon cœur bat trop vite et dans le désordre. Le trouble se confirme ; je ne dors pas de la nuit. Après avoir avalé des poignées de confettis mêlés à des moucherons et à des moustiques, tout se mélange : « confettons » et « mosquettis » continuent de voltiger... En réalité, je suis violemment foudroyée. Ce fameux « coup », en suis-je victime ?...

Le matin, la tante de Muriel, assez pincée, m'annonce :

Le chauffeur de votre père vient vous chercher aujourd'hui,

vos parents craignent des grèves dans les chemins de fer...

Je devais rentrer par le train plusieurs jours plus tard... La famille de Muriel est inquiète de garder chez elle une Clémence de quinze ans, visiblement tombée folle amoureuse d'un homme de trente ans. Ils avaient prévenu mes parents par téléphone. J'en étais à imaginer les moyens de revoir Jacques, une fois rentrée à Paris, alors que j'apprends que mes parents me récupèrent au plus vite. Je demandai à Muriel de glisser dans la boîte à lettres de Jacques un morceau de papier sur lequel j'avais écrit mon nom, et l'adresse d'une amie où m'écrire. Jacques en ferait bon usage, j'en étais sûre, je le sentais !

A Paris, Jacques m'écrivait chez l'amie-boîte-à-lettres. Il est venu plusieurs fois ; nous allions ramer sur le lac du Bois de Boulogne, nous nous arrêtions sur l'île, nous nous allongions dans l'herbe ; Jacques ne me touchait pas même la main. Il m'a offert la sonate « Le Printemps » de Beethoven, celle que mon père aimait tant jouer, avant que le piano ne disparaisse avec les travaux... Sa culture musicale me séduisait. Sa voix chantante charmait doucement mes oreilles. Nous parlions beaucoup. Nous riions ensemble des mêmes évènements, même les plus futiles. Il n'avait pas son âge, plutôt le mien. Dans la rue, il prenait bien soin de ne jamais me laisser marcher du côté des voitures. Pour la première fois, je me sentais importante aux yeux de quelqu'un... Il me plaisait tant, je me sentais si bien avec lui... En catimini, un jour où mes parents étaient à la campagne, je l'ai introduit chez nous. Pour lui, le choc fut énorme. Pour moi, l'erreur fut une grande preuve de naïveté et d'idiotie... De toute manière, je n'aurais jamais, et je n'ai jamais, osé dire à mes parents que j'étais tombée amoureuse d'un homme, de trente ans déjà, et surtout « seulement professeur ». Mon père avait déclaré un jour, très doctement, très sûr de lui :

Clémence ne pourra être heureuse

qu'avec un ingénieur au corps des Mines*.

Mon père était réputé pour son intelligence. Quelle sorte d'intelligence ?

Mes parents n'ont jamais eu vent de l'existence de Jacques.

Revenons à Rome. Après la semaine Sainte passée à Assise, je trouve dans mon courrier une lettre de Jacques : il me rejoignait à Rome,

Seulement pour me parler.

*Couramment, l'Ecole Polytechnique est appelée « X ». Ceux qui sortent dans les premiers rangs sont ingénieurs « au Corps de Mines » et appelés « X Mines ».

Nous sommes allés sur le Monte Pincio, voisin de La Trinité des Monts. C'est là qu'il m'a dit tout doucement et sérieusement:

Je suis comme Don Quichotte

Je sais que je me bats contre des moulins à vent,

je viens quand même vous demander en mariage...

je sais que vous me direz non... mais je fais malgré tout cette demande

Dans mon trouble, j'ai bredouillé quelque chose du style :

Mais, Jacques, je suis bien trop jeune,

je ne peux pas maintenant...

moi aussi...je crois que je vous aime,

je suis trop jeune,

je ne peux pas imaginer me marier si jeune...

Il est reparti pour la France le lendemain et je n'imaginais pas le revoir. Mes sentiments s'entremêlaient: émotion, culpabilité, honte d'être inaccessible pour lui ; tant de tristesse aussi. Amoureuse, mais pas prête. Pas prête à envisager de contredire des parents aux projets tellement contraires à ceux que je pouvais à peine imaginer pour mon avenir. Sous leur coupe. Totalement formatée par mon éducation. Aucune indépendance d'esprit...Pas encore construite. La suite l'a démontré : pas encore née.

Après Rome, que faire une fois revenue à Paris en cette fin d'année scolaire? Je suis partie pour Alger où mon frère et sa femme venaient de s'installer. J'ai fait la connaissance de leur petite Florence de trois mois. Mon frère tentait de me parler et surtout de me faire parler. J'étais malheureuse. Je n'arrivais qu'à pleurer. J'avais l'impression d'être cuisinée. Il n'a rien pu tirer de moi, claquemurée et perdue. Je ne faisais aucun effort pour qu'il puisse me comprendre... Je ne me comprenais pas moi-même. Toujours cet enfermement coriace.

Le service des Mines où travaillait Maxime, offrait aux épouses de visiter le site pétrolier, tout nouveau, de Hassi Messaoud. J'ai pu me joindre à ma belle-sœur. Aller et retour en avion, dans la journée. Maxime s'occuperait de Florence. Nous avions préparé et mis au réfrigérateur le nombre nécessaire de biberons pour la journée. Il se trouve que le lait a tourné. Maxime a passé de longs moments à feuilleter fébrilement le « Guide de la jeune mère », pour que Florence soit nourrie et s'arrête d'hurler !

Brigitte et moi avons visité la future palmeraie qui venait d'être plantée. Déjeuner sur de longues tables, sous une tente ; Brigitte me désigne un homme au loin :

Il fait partie du Corps des mines, et rentre du Sahara

où il a relevé la carte géologique du Hoggar.

Nous l'avons rencontré un jour...

J'ai jeté un coup d'œil.

Nous avons pris l'avion du retour vers Alger. Un orage et des éclairs nous entouraient, nous ne pouvions rien entendre d'autre que le bruit de l'avion qui nous secouait fortement. Tout tremblait.

Maxime avait passé une journée difficile, Florence aussi, pas nous !

Juin 1959. A mon retour d'Alger, ma mère avait réussi à me faire inviter au Bal des Débutantes. J'y fus accompagnée par le frère de Brigitte, à l'orangerie du château de Versailles. Robe de chez Maggy Rouff, déjà portée par un mannequin : blanche, bien entendu, parsemée de broderies couleur pistache. Ravissante, c'est vrai. J'y ai rencontré un très bon danseur qui m'avait remarquée. Nous avons dansé sans arrêt, à tel point que je suis rentrée, mes chaussures à la main, à sept heure du matin, après avoir avalé une soupe à l'oignon dans un restaurant des Halles de Paris. Par la suite, il venait parfois me chercher à l'Ecole du Louvre, m'a même invitée un soir, à dîner, chez sa sœur. Il est allé jusqu'à menacer de se suicider pour moi! Je ne l'ai pas pris au sérieux. Il ne s'est pas suicidé... A ce bal, où était passé le frère de Brigitte ?

J'imaginais volontiers une vie de jeune fille, sortant, dansant, s'amusant...

Le mois de juin était là et mes parents m'ont signifié que je devais les remplacer à un mariage où ils n'avaient pas envie pas se rendre. Il s'agissait de Victoire Arthuis et d'un ingénieur « X Mines ». Je ne connaissais personne de cette famille mais en entendais beaucoup parler par mon père qui côtoyait souvent Albert Arthuis, grand père de Victoire. Il avait tenu le rôle de sorte de « sage » qui conseillait les jeunes ingénieurs. Après la guerre, il avait recommandé mon père, pour la construction d'usines sidérurgiques en Lorraine. Ex-président de la Chambre Syndicale de la Sidérurgie il était administrateur de plusieurs sociétés. Pour moi, les Arthuis faisaient partie d'une classe très supérieure, par leur culture, leur intelligence, leur esprit souvent caustique. Mon père savait que l'aîné des petit fils d'Albert, Pierre s'était marié très jeune. Albert n'en était pas vraiment heureux.

Mon père revenait souvent déjeuner avec

Encore une bonne histoire du père Arthuis !

A mes yeux, les membres de cette famille m'étaient inaccessibles. Je n'étais pas de taille, et de loin.

Je refusai net d'aller à ce mariage ; de plus, il se passait loin de Paris. Ma mère n'entendait pas que je m'entête à refuser, mon père non plus qui donnait si rarement son avis... Je lâchais un peu de lest : j'avais passé mon permis de conduire, ma mère pouvait me prêter sa voiture... J'aurais pu m'y rendre seule. Pas question. Tout était prévu et arrangé, c'est

Comme ça ; d'ailleurs, Lambert est prévenu,

et il te conduira…

Lambert était le chauffeur de mon père.

Pourtant, je conduisais sans aucune difficulté.

Quelques jours après mes 18 ans, je me présente à l'examen du permis de conduire. Le chauffeur me conduit du côté de la prison de la Santé, à Paris, où ont rendez-vous les candidats et les examinateurs. Il est nerveux, moi pas. Je me suis beaucoup exercée à la campagne, sur les chemins privés, avec la 15 CV de mon père. Dix fois le tour de la statue de Diane, des marches-arrière pour entrer dans le garage ; puis quelques créneaux à Paris, avec Lambert; trois ou quatre leçons officielles obligatoires, au cours desquelles le chauffeur de l'auto-école veut me coincer dans une impasse pour me peloter. Je me défends bien… à tout sujet.

L'examinateur me pose quelques questions de code puis je démarre, très à mon aise.

– *Depuis quand conduisez-vous sans permis ?*

– *Je me suis exercée sur des chemins privés, à la campagne.*

– *Tournez à droite*

– *Je ne peux pas, c'est un sens interdit*

– *Arrêtez-vous*

– *Je ne peux pas, nous sommes sur un passage clouté*

Un peu plus loin, il me fait stopper près du trottoir, juste après un croisement.

– Longez le trottoir en marche arrière.

Il faut reculer en tournant, pour ne pas quitter le bord du trottoir. Il avait sans doute décidé, à priori, de ne pas me donner mon permis...Il est désarçonné et bien obligé de sortir et signer le formulaire de la bonne couleur, ce qui fait bondir de joie Lambert ! Pour rentrer, j'ai la permission de prendre le volant, il est tout fier, et moi donc ! Le soir-même, Maxime me prête sa 2 CV et je m'aventure plusieurs fois autour de l'Arc de Triomphe, sans problème.

Pour le mariage 'obligatoire', mes parents ne lâchèrent pas le morceau et pour me clouer le bec, m'annoncèrent que nous étions chargés d'apporter le bouquet de la mariée... Deux chambres à l'hôtel étaient déjà retenues, et voilà. Point.

Rouge de confusion, j'ai fait une entrée remarquée dans la propriété où avait lieu le mariage, conduite par le chauffeur de mon père. Quelques membres de la famille Arthuis, déjà arrivés, ne se sont pas privés de se f... de moi, évidemment. Pour m'occuper, la famille m'a proposé d'aller à la chapelle, aider à la confection des bouquets. Passé le seuil, j'aperçus une gerbe de fleurs émergeant d'un pull-over bleu effroyablement bleu... En levant les yeux au-dessus des fleurs, je découvris... le géologue entrevu de loin à Hassi Messaoud... Tiens ! Au moins quelqu'un qui ne m'était pas totalement inconnu, si je puis dire, l'ayant à peine repéré à une cinquantaine de mètres, deux semaines plus tôt, en plein désert !

– *Que faites-vous là ?*

– *Je suis un bon ami de Francis, de la même promotion que lui.*

– *Mais il me semble vous avoir vu à Hassi Messaoud, il y a quinze jours !*

– *Oui, je rentrais du Hoggar où j'ai passé trois mois.*

Et vous ?

– *Je suis Clémence Driant ;*

mes parents m'ont chargée de les remplacer...

je ne connais personne.

– *Moi non plus... Driant, vous êtes la sœur de Maxime ?*

– *Oui.*

– *Je les ai vus, lui et sa femme à Alger.*

– *Je sais...*

Quelque chose dans son attitude me gênait : il se tenait maladroitement, et oscillait avec gaucherie d'un pied sur l'autre. De plus, il parlait en regardant par terre, ou au loin, en tout cas, pas dans les yeux. Son embarras était visible, passager ou permanent ?

Il y eut un bon dîner, j'étais à la table des mariés du lendemain. Je ne parlais pas...

Victoire, en face de moi, m'a demandé mes occupations; je venais de m'inscrire en auditeur libre à l'Ecole du Louvre et à l'English Institut. Yes.

Evidemment, comme toutes les jeunes filles de bonne famille !

La condescendance et la moquerie étaient bien là…

Il y eut danse. Le-géologue-de-la-même-promotion, Romain de Vallonpierre, « X mines », encore un, m'invita à danser. Ouf, je ne resterais pas toute la soirée sur une chaise… Seulement, il dansait comme un fer à repasser, ne savait pas me guider et me marchait copieusement sur les pieds.

Ni danse écossaise, ni bourrée auvergnate, peut-être une danse saharienne ? Un moment, il entreprit de parler pierres, rochers, sable et désert. Son marteau de géologue ne quittait pas le coffre de sa voiture, ainsi pouvait-il casser des cailloux au cours de ses déplacements. Les paysages les plus beaux, géologiquement parlant, sont ceux où rien ne pousse, ni herbe, ni arbre, ni fleur…

Comble de joie : il me raconta que parfois, au Hoggar, par la bonde de la douche, se dressait un serpent… ça tombait bien… Il manquait Cendrillon.

Heureusement j'avais demandé à « mon » chauffeur de venir me rechercher tôt et nous sommes partis pour l'hôtel.

Il y eut mariage, le lendemain. Très peu de souvenirs : ma difficulté à poser sur ma tête une petite voilette ridicule; la toute petite Caroline Arthuis, demoiselle d'honneur, difficile à canaliser ; son oncle Pierre qui filmait un peu tout le monde ; Romain de Vallonpierre accrochant mon bras pour compléter le cortège qui se rendait à la chapelle...

Il y eut certainement un déjeuner...

Nous avons repris rapidement la route de Paris, pour mon plus grand soulagement. Certes, je n'étais pas gaie et parlais à peine. J'en voulais terriblement à mes parents et à moi-même de ne pas savoir résister.

4

Quelques jours plus tard, j'ai reçu une lettre de Romain de Vallonpierre, me remerciant de

Ma charmante compagnie.

J'eus l'idiotie de le dire à mes parents qui se sont mis à rêver à partir de ce moment-là.

Je remerciai et reçus une deuxième lettre me disant qu'il partait pour le Service des Mines de Montpellier, en octobre suivant, et qu'il serait heureux de

Me revoir en septembre, pour aller au théâtre, par exemple ?

L'idée du théâtre me plaisait bien.

En juillet, je suis allée aux Pays Bas, chez l'une de mes amies de la Trinité des Monts. Je me souviens que son frère aîné a pénétré dans ma chambre une nuit, 'avec idée' et qu'il fut très étonné que je résiste et sois encore vierge... J'ai eu du mal à m'en débarrasser et fermé ma porte à clé les autres soirs.

On m'a installée au trapèze, en m'attachant une ceinture à la taille, sur un Flying Dutchman, dériveur léger et rapide... Je n'avais jamais mis les pieds sur un bateau à voile. J'ai obéi aux injonctions de me lancer en arrière ou replonger dans la coque, selon la houle et la direction du vent; bon exercice de musculation des cuisses ; tout a bien marché.

Au passage d'une des nombreuses écluses des canaux du Pays bas, nous avons vu le propriétaire d'un bateau prendre une décision étonnante : son bateau était trop large pour franchir l'écluse ; sans hésiter, il a sorti une scie et a coupé quelques centimètres de la largeur de la coque de son bateau : il ne voulait pas faire un détour trop important en passant par un autre canal !

Si notre bateau était trop haut sur l'eau pour passer sous un pont, nous le lestions de quelques enfants qui jouaient par-là, que nous relâchions une fois le pont franchi !

Septembre 1959. Romain de Vallonpierre se manifeste et m'invite au théâtre. Après la pièce, il me propose d'aller dans un cabaret de chansonniers à la mode, la galerie 55. Là, se produisaient Gainsbourg, Pierre Doris, Dufilho et autres... Très amusant et inédit pour moi et pour lui. Evidemment, il n'était pas question de parler; ni au théâtre, ni après. Nous avons réitéré trois ou quatre fois. Il partit pour Montpellier, en octobre comme prévu. Il m'écrivait de temps en temps, me parlait géologie et mines du secteur dont il était chargé. Il me documenta sur les explosions fréquentes des cocottes minutes ; ces accidents dépendaient du Service des Mines...

Ma mère guettait avec impatience ses lettres. Elle les posait bien verticalement sur un fauteuil, que je voyais obligatoirement en sortant de ma chambre. Elle voulait savoir la teneur des lettres, et surtout la date à laquelle il viendrait à Paris. C'était l'un de ses sujets favoris, de plus en plus fréquent. J'étais tranquille, je n'attendais rien ; je trouvais qu'aller au théâtre était très agréable. Voilà tout.

Je fus invitée par une amie qui recevait pour son rallye, demandant de venir accompagnée d'un danseur. C'est ainsi que les choses se passaient. Je ne connaissais personne à inviter... et bien sûr, ma mère eut LA très bonne idée :

Ecris à Romain de Vallonpierre, il pourra peut-être venir !

Je le fis. La soirée avait lieu un mois plus tard, début décembre. A ma surprise, il accepta : il ne devait pourtant pas être très fana danse, étant donné la performance à laquelle j'avais participé, six mois plus tôt. Pourquoi venait-il quand même ? Ma mère, elle, était aussi émoustillée qu'une jeune fille amoureuse. Quinze jours avant la date de la soirée, j'ai reçu une lettre annonçant des risques de grèves et son impossibilité de quitter Montpellier. Je n'en fis pas une histoire, ma mère en fit un drame. Le soir-même, elle est entrée dans ma chambre : je travaillais à une version d'anglais particulièrement intéressante. Elle tenait un papier à la main, s'est exprimée calmement, oui, mais nettement :

Moi je connais les hommes, toi, tu ne sauras pas lui écrire

comme il le faut pour le décider à venir, alors,

recopie ce que j'ai écrit, et il viendra, tu verras...

J'ai ressenti un froid que je ne connaissais pas, et pourtant ! Le sentiment de ma nullité, jamais loin, surgissait. Je ressentais de la honte à la place de ma mère ; ce qu'elle avait dit me perturbait beaucoup. Elle avait peut-être raison car j'étais certaine de ne jamais être à la hauteur des évènements. Je pense même l'avoir remerciée... En réalité, elle me « possédait » en me faisant toucher du doigt mon incapacité... J'ai pris son papier, je me suis mise à écrire une courte lettre rapide, en m'inspirant de ce qu'elle avait imaginé... J'en avais honte, pour moi– même, cette fois-là.

Résultat ? Quelques jours plus tard, des nouvelles arrivaient de Montpellier : plus de menaces de grève, donc il viendrait comme prévu :

Tu vois bien, ma pauvre petite !

La soirée. Tout le monde dansait bien ; tout le monde se connaissait. Quelques amies de classe étaient très à leur aise... Il a recommencé à parler du Hoggar où il aimerait vivre... Les épisodes serpents sont revenus. Je lui ai expliqué ma phobie, il n'entendait rien puisqu'il continuait ! J'ai crié que je ne pouvais plus entendre parler de ces bêtes-là. J'ai expliqué pourquoi. Alors, il a dit :

Je n'ai plus de tympan à l'oreille droite ;

je suis donc sourd d'une oreille

j'ai été opéré, petit, après une quantité d'otites ; d'ailleurs,

il faut que j'aille voir l'ORL car le sable du désert

n'a pas dû arranger les choses...

Il a recommencé à parler du désert si beau ... les couchers de soleil, les cailloux, le vent de sable ... ... Nous sommes rentrés tôt : c'est moi qui avais une voiture.

Pour parfaire ce week-end, ma mère a fait plus et mieux : elle a organisé pour l'après-midi du dimanche une réunion à la maison ; mon frère et ma belle-sœur revenus depuis peu à Paris et leurs amis, une dizaine de personnes qui feraient la connaissance de Romain de Vallonpierre. Je me sentais assez flattée quand même... Un ingénieur au corps des Mines, de huit ans mon aîné, d'une très bonne famille, ça pose. Evidemment. Mes parents, quand même pas idiots au point de se tromper autant... est-ce que je ne crachais pas dans la soupe ? Oui, j'étais réticente, je sentais une menace, mais j'étais flattée.

24 Décembre 1959. Trois semaines après LE week-end. Il était convenu que j'irais, pour la première fois de ma vie

d'ailleurs, à la messe de minuit, avec la famille de Romain. Ils en avaient l'habitude, eux.

Ma belle-sœur est couchée, enceinte d'un second bébé. Elle n'a pas voulu s'installer chez ses parents, alors que leur appartement se prêtait nettement mieux à cette situation. Florence avait été confiée à la garde d'une Portugaise, à la campagne.

Mes parents et moi sommes à table. Mon père m'a glissé à l'oreille qu'il voulait que je vienne avec lui, après le déjeuner, acheter le cadeau de Noël de ma mère. Soit ! Un silence s'installe...Finalement, ma mère me regarde un peu longuement, me parle et je l'entends prononcer le mot

FIANÇAILLES...

« Le sang qui ne fait qu'un tour », je sais qu'il existe. Je me lève brusquement et m'enfuis dans ma chambre en sanglotant. Je claque violemment la porte. Ma mère hurle et me suis de près. Mon père ne bouge pas, ne dit rien... Dans ma chambre, se passe un drame tonitruant et tragique. J'ai le sentiment d'avoir reçu la tour Eiffel sur la tête. Ma mère n'arrête pas de vociférer. Je me bouche les oreilles en répétant :

Non, non, pas ça, non, pas de fiançailles...

Ma belle-sœur, bien que menacée de perdre son bébé en se levant trop rapidement, déboule dans ma chambre et s'adresse à sa belle-mère :

Mais, vous êtes folle...

Je la remercie rétrospectivement de sa lucidité et de son courage et... m'interroge depuis plus de cinquante ans : comment se fait-il que ni Maxime, ni elle, n'ont arrêté le cours de la catastrophe qui se préparait ?

Ma mère tempêtait toujours. Elle a fini par lâcher la phrase qu'elle n'aurait jamais dû oser prononcer :

Ma pauvre petite, que peux-tu espérer de mieux ?

phrase assassine... qui a définitivement signé le désastre. Plus de 50 ans après, elle n'arrête pas de résonner dans ma tête, je l'entends maintenant en l'écrivant... Ma mère était intelligente et diabolique. Elle a su frapper juste, atteindre mon point le plus vulnérable pour arriver à ses fins. Très au fait de mon manque de confiance en moi, elle ne pensait qu'à ce beau mariage, avec le gendre idéal. En quelque sorte, elle m'a tuée avec ces mots excessivement bien choisis. J'étais la pauvre petite, certainement, et plus qu'idiote de laisser passer une pareille occasion... Elle est pratiquement arrivée, lors de cette séance à m'en persuader. Et puis, cette antienne :

Tu as les meilleurs parents du monde, fais-nous confiance.

Et mon père ? Pourquoi son silence, son absence ?

Le seul commentaire de mon père, lorsqu'il a fait la connaissance de mon futur mari fut :

Parfait, parfait, et en plus, il ressemble à Clark Gable...

A aucun moment pendant les quelques jours passés à Paris, Romain ne m'a demandée en mariage, ni après la messe de minuit passée chez ses parents, ni pendant la journée passée à la campagne pour voir Daddy. Je suis embarquée dans une spirale qui s'accélère. Je suis inerte, et pourtant, je sais au fond de moi que je n'ai aucune attirance pour lui. Mais, c'est peut-être normal ? L'amour vient-il peu à peu ?

La journée à la campagne, pour que Daddy fasse la connaissance de Romain, a été sinistre. Il conduisait comme il dansait, en menant la voiture par à-coups, comme sa cavalière. Ma mère avait choisi pour lui un superbe porte-cartes-routières, chez Hermès. Du beau cuir.

Avant le départ de Romain pour Montpellier, nous nous sommes peu vus. Il était occupé, j'étais abasourdie. Nous sommes allés chez ses parents que je ne connaissais que pour les avoir vus à Noël. Pour aider son fils de vingt-huit ans à faire sa valise... ma future belle-mère m'a laissée seule avec mon futur beau-père. Ce monsieur très digne était assis dans son bureau en fumant la pipe, (hélas c'était héréditaire) sur un fauteuil de cuir élimé.

Il me regardait :

– Je pense, ma petite fille, que vous voudrez avoir des enfants ?

– *Oh... voui, bien sûr, monsieur.*

– *Il faut que je vous dise quelque chose concernant les Vallonpierre.*

– *?? Oui ?*

Je ne savais que penser, j'attendais je ne sais quel « pire »...

– *Mon père en est mort très jeune et moi, j'ai failli en mourir à la guerre. C'est héréditaire et il faut le savoir.*

– *Oui ? (La pipe ?)*

– *Il s'agit de l'appendice rétro caecal.*

– *??? Ou...i ??*

– *Au palper, le médecin ne peut pas le déceler, car l'appendice est tourné vers l'arrière ; le malade a seulement mal au ventre, mais pas d'autres manifestations. Mon père est mort d'une péritonite aigüe. Il faut que je vous le sachiez, pour vos futurs enfants*

– *...Je vous remercie, monsieur... mais, si je comprends bien, dans votre famille, il y a deux tares ?*

– *Comment ? Quoi ? Que voulez-vous dire ?*

– *Eh, oui ! L'appendice rétro caecal et l'école polytechnique !!*

C'était parti tout seul... J'avais pu me permettre de parler de l'Ecole polytechnique puisque mon père et mon frère en étaient. Mon futur beau-père et deux de ses fils aussi...

Cet homme très sérieux, qui en imposait et faisait peur à tout le monde, a souri ! C'est à ce moment-là qu'il a commencé à m'apprécier. Enfin quelqu'un qui ne le craignait pas !

Dieu ! Que l'odeur de la pipe est désagréable...

Au mois de janvier, mes futurs beaux-parents ont organisé une réception chez eux pour me présenter à leur famille... Personne de notre côté ; pas de famille. Toujours un mystère pour moi, à cette époque.

Ah ! La bague ! Ma future belle-mère avait montré à ma mère deux diamants, l'un d'une grande pureté, l'autre plus gros mais moins blanc. Mon goût penchait pour le premier, ma future belle-mère aussi, mais ma mère ?... Allez, Plouf ! Ce fut l'autre :

C'est évident, c'est celle-là que tu dois choisir

La bague me fut remise par Romain lors du goûter organisé par ses parents. Les tantes s'extasiaient, buvaient de l'orangeade tout en lorgnant sans discrétion sur ma bague.

Début février 1960. Le moment est venu d'aborder les choses sérieuses : mes parents qui n'avaient pas organisé de réunion pour les fiançailles, ont invité les parents de Romain, en me demandant de m'éclipser dans ma chambre après le dîner. Romain, tout en étant au courant, n'a pas téléphoné de Montpellier ; aucune imagination.

J'ai attendu vainement. Après le dessert, j'eus bien sûr un travail urgent à terminer.

Ma mère est venue me chercher une heure plus tard. J'ai appris la date de « mon » mariage : dix-sept mai à midi. Déjeuner pour la famille proche, puis réception à l'hôtel Crillon à partir de dix-sept heure trente.

L'écriture des faire-part. J'avais imaginé un mariage à la campagne :

Tu n'y penses pas, les ingénieurs qui viendront de Lorraine,

c'est trop loin pour eux, on ne peut pas leur demander ça !

Evidemment ! Mais quelle gourde j'étais... Je suis effrayée par ce que j'écris. C'est VRAI. J'étais dans une nasse et ne me débattais même pas...

1956. Quatre ans auparavant. Daddy vivait à la campagne, il était veuf et vraiment très seul. Après un AVC sévère de ma si chère grand-mère, ma mère avait installé ses parents dans leur maison de campagne. Une infirmière vivait à demeure. Pour tenir le coup, elle se shootait à l'éther. Ma petite grand-mère ne pouvait plus me faire de câlins, ni me parler... Elle est décédée en 1957. Mes deux grands-parents sont enterrés dans le cimetière du village, mes parents aussi.

Daddy a vécu très tristement ses dernières années. Il est mort en 1961, juste après la naissance de Jérémie, mon premier enfant.

Bien sûr, une fois par semaine, le curé du village venait déjeuner avec lui, comme il se devait. Cet homme avait la particularité de bafouiller depuis un 'exorcisme' difficile (?), pratiqué plusieurs années avant que mes parents achètent cette maison. Les conversations, entre lui bredouillant et mon Daddy un peu sourd, étaient limitées et approximatives...

De temps en temps, ma mère restait à la campagne pendant quelques jours de semaine. Dès que j'avais obtenu mon permis de conduire, et quand je le pouvais, j'allais voir Daddy ; je l'emmenais dans la forêt de Lyons toute proche, et l'abbaye de Jumièges qu'il aimait particulièrement. Sa solitude était extrême.

Ma mère n'acceptait pas que son propre frère Bob, le « Mouron rouge » qui s'évadait par les toits pendant la guerre, ni les enfants de celui-ci mettent les pieds chez elle... même pour voir leur père et grand-père. Ma mère ne s'est pas rendue à l'enterrement de son frère. Il n'était pas question que nous les voyions. Sans doute n'étaient-ils pas assez 'bien' pour nous ? Tout était mystérieux et triste. Pourquoi ma mère séparait-elle ainsi toute la famille, déjà si peu nombreuse ? Ce que je sais, je l'ai appris après la mort de mes parents, quand j'ai enfin pu connaître mes cousines.

Bien entendu, je demandais que Daddy soit présent à mon mariage.

Oh ! Tu sais, c'est trop compliqué : il ne peut pas dormir chez nous

et sera trop fatigué si nous le mettons à l'hôtel.

Et puis, il faudrait que le chauffeur s'occupe de ses déplacements...

Non, trop compliqué...

Mon Daddy... déjà si triste et si seul... et mes sentiments à moi...

Ah ! La robe !

Ecoute, je pense que le mieux est de copier

celle que tu portais au bal des Débutantes. Ma couturière

te fera quelque chose de superbe.

J'ai aussi pensé à ta coiffure...

En ce qui concerne « mon » mariage, je n'ai rien choisi, surtout pas l'homme, pas plus le jour, mes témoins, la robe, la bague... le trousseau dont je ne parle même pas, avec draps chiffrés... faut c'qui faut. C'est risible, non ?

Plus la date du mariage approchait, plus je me sentais mal. Angoisse, pleurs toutes les nuits, impression d'être vendue comme on vend son veau... et toujours un peu flattée quand même...

Mes parents pourraient-ils me faire un pareil sale coup ?

Je n'en parlais à personne ; j'avais pourtant deux amies très proches ; je ne dévoilais rien de mes questionnements. Flattée... et orgueilleuse, dans un tel état d'hébétude que je ne réagissais à rien.

17 mai 1960. Mariage.

Seule chez le coiffeur, conduite par le chauffeur de mon père. Seule, je me suis maquillée comme je pouvais. Pour enfiler robe et jupon ma mère m'a aidée: me voici en « mariée ». Ma mère touchait l'extase...

La journée se passa comme arrangée par elle. Mon père m'a conduite à l'autel, en s'accrochant un peu à mon bras : j'étais en plein somnambulisme. Le Père Jésuite a certainement bien parlé. Nous l'avions vu une fois, Romain et moi ; il m'avait appris que les époux se donnent le sacrement du mariage. C'est une particularité. A l'époque, la préparation était plus que succincte. La mienne avait été nulle. Sur tous les plans. Ma mère s'était aventurée sur un sujet:

– *Sais-tu comment « ça » se passe ?*

– *Ben...ouais...*

– *Te sens-tu bien dans ses bras ?*

– *Mum...*

Il avait beaucoup fumé la pipe ce jour-là, quant à « ses bras », l'expression est vague... Ma réponse, si l'on peut dire, a suffi à ma mère, toujours sûre d'elle.

Ce père jésuite avait été Préfet du Collège où mon frère a fait ses études. Il était souvent venu chez nous, depuis que mes parents avaient acheté la télévision. Très fana de football, il venait participer aux matchs, à fond ; à tel point que ma mère glissait sous sa soutane (ou son pantalon ?), un tabouret de cuisine, après qu'il eût cassé un fauteuil du salon en bondissant en l'air à chaque but.

Au mariage, la tenue de ma mère était étonnante : une sorte de chou-fleur vert sur la tête...

Les enfants d'honneur étaient tous des Vallonpierre, très joliment habillés...

La musique n'avait pas été choisie par moi ! Non, je vous assure... Choisir ? Ce mot existe-t-il ?

Le déjeuner fut lugubre et guindé.

Deux ans auparavant mon père avait chargé Francis, le mari de Victoire Arthuis de me faire visiter les usines où il faisait un stage. Au déjeuner, Francis, témoin de Romain, rappelait en riant ma question d'alors :

A quoi sert une fonderie ?

J'en avais compris le fonctionnement mais il ne m'avait pas expliqué le but ! Je n'avais pas osé demander.

Mes parents avaient organisé cette visite d'usine avec un ingénieur au corps des mines « avec idée », car ils m'avaient ensuite interrogée:

– Comment le trouves-tu ?

– Très agréable, très clair : il m'a bien fait crapahuter !

A la réception, les invités se marchaient dessus. Romain et moi arpentions les salons sans rien dire, Romain n'entendait rien. Un farceur, ami de mon père a glissé un nom à l'oreille de l'aboyeur, mais oui ! qui l'a annoncé sans mollir :

Le Général de Gaulle

Les têtes se sont tournées, le niveau sonore a baissé d'un coup ! Quelques invités ont ri. C'est à peu près tout ce qui m'a amusée et dont je me souviens.

A huit heures, ma mère s'est approchée de nous :

– Mes enfants, vous pouvez vous en aller maintenant.

Au revoir, ma chérie.

Pas de *pauvre petite*, et pourtant... TOUT au Crillon, y compris la nuit de noces. C'est bien ainsi que cela s'appelle?

Dans les couloirs, je courais presque devant Romain. J'avais peur de croiser quelqu'un qui se moquerait certainement de nous, de moi. Romain était vert car :

Le déjeuner ne passait pas.

Je suis restée dans la salle de bain fermée, une bonne demi-heure, dans un bain chaud, en ne sachant que faire. Aucun bruit ne parvenait de la chambre. J'ai passé une chemise de nuit faite pour moi et pour l'occasion, avec déshabillé assorti. J'ai fini par ouvrir la porte. Dans la chambre, Romain souriait avec gêne et n'avait pas changé de couleur. Pas de fleur, pas de champagne comme dans les films : un raté de ma mère ! Romain s'est retiré à son tour dans la salle de bain. Je me suis assise sur le lit. Il était effectivement malade. Le déjeuner n'était pas en cause, sa peur, oui, sa totale inexpérience, oui, oui. Maintenant, je le plains beaucoup. Il avait huit ans de plus que moi, je ne comprenais pas... Que moi, je sois « toute neuve » me paraissait évident et normal, mais lui...? Eh bien ! Si !... Pour notre malheur à tous les deux. Aussi emprunté l'un que l'autre...La nature a fait ce qu'elle a pu... Romain s'est conduit comme un plongeur en apnée.

J'ai très peu dormi, me suis recroquevillée dans mon côté du lit, je me répétais :

C'est terrible... je vis un drame, c'est foutu pour la vie,

je suis foutue !

Jamais je ne pourrai être heureuse avec lui...

Je suis foutue... pour toute ma vie,

j'ai vingt ans... Pas possible que j'arrive à l'aimer

Comment ai-je pu en arriver là ?

Une conscience totale de cette monstrueuse absurdité et du gâchis de ce foutu mariage... Un éclair fugace mais profond. Romain dormait.

Petit déjeuner servi dans la chambre, je me suis cachée sous les draps.

A la réception de l'hôtel, je repérai des regards goguenards ; la chambre avait été réglée.

Ce qui était moins réglé, c'est le voyage de noces... L'ingénieur des Mines d'Alès dit «en-chef», dont Romain dépendait, n'avait pas pu, lui-même, faire de voyage de noces, et ne voyait pas pourquoi, l'ingénieur dit « ordinaire » des Mines de Montpellier aurait droit à un autre régime. Pourtant le Directeur des Mines à Paris, avait dit à Romain de ne pas tenir compte de l'avis de son en-chef...

Taxi pour la Gare de Lyon. Dans notre compartiment, la femme qui me faisait face a repéré sur le Figaro, la photo d'un « Grand mariage parisien ». Elle nous a dévisagés et bien reconnus. Elle était aussi émue qu'en lisant le magazine « Nous Deux » et en avait les larmes aux yeux ; moi aussi.

Nous partions en train pour le Lavandou, où Romain avait laissé sa voiture avant de se rendre à Paris.

Un hôtel au Lavandou au mois de mai ? Sinistrement vide, les seuls clients.

Chambre petite, papier à fleurs sur les murs, houlà!

Rues et plages désertes, pas de Club Mickey, pas de cinéma... De toute manière, Romain était tellement fatigué qu'il dormait plus qu'une nuit par jour. Pas de boîte où aller danser, plutôt une chance.

Heureusement, l'hôtel mettait à disposition un peu de matériel de couture ; je pus ainsi recoudre deux boutons de chemise qui avaient mal surmonté les dix mois pendant lesquels Romain avait vécu seul à Montpellier.

Quelques promenades en voiture. Quelques câlins mal menés.

« L'en chef » l'avait dit :

Soyez lundi au Service des Mines.

Nous sommes repartis le dimanche vers Montpellier. Dans la voiture, j'avais mal au cœur.

5

L'appartement avait été trouvé et arrangé le mois précédent le mariage par qui? Ma mère : gagné, mais pas difficile ! Immeuble moderne, très correct, proche de la Place de La Comédie, huitième étage. Une grande terrasse, séparée de celle des voisins de palier par des jardinières de plantes. Une grande pièce, une grande chambre, une petite chambre, une cuisine et une salle de bain. Tout bien. Le déménagement était arrivé, avec les meubles de ma chambre de Paris, mes affaires, les rideaux installés... tout comme y faut. Il me restait à choisir (drôle de mot) l'emplacement des meubles et faire des rangements. Où étaient les affaires de Romain ? Il vivait à l'hôtel avant le mariage et devait posséder très peu de d'objets personnels.

Le plus difficile pour moi, (même pas vrai...) fut de faire des courses et la cuisine. Je n'avais jamais eu le droit de cuisiner chez mes parents. J'avais reçu un livre en cadeau : sauvée et Romain aussi, sauvé! Non, ce qui nous a vraiment sauvés, ce sont les années de scoutisme de Romain. Il savait faire cuire les pâtes, mais, manque de chance, abondance de bien nuit, moi aussi, je savais ! En effet, le dimanche soir, chez les parents, Maxime faisait toujours des pâtes ; il contrôlait la cuisson en les lançant au plafond : elles restent collées ? C'est cuit...

Je m'y suis collée moi aussi et tout de suite. J'étais « cuite », également mais ne grimpais pas au plafond, pas de plaisir, en tout cas. J'allais au marché couvert, tout proche. Nous avions reçu une cafetière Cona, une merveille de complexité. Acheter du café ? Quelle marque ? Difficile. J'ai un peu traîné dans l'épicerie et me suis décidée pour la marque la plus fréquemment achetée. Je n'en menais pas large...

J'étais perdue... de désillusions, de solitude, d'espoirs déçus, de peur de la vie, de ma vie à venir, à tel point que, cinq jours après l'arrivée à Montpellier, un matin, après le départ de Romain pour le bureau, je montai sur la terrasse. J'ai marché et fini par m'accouder à la balustrade : comment ai-je pu en arriver là ? Mes parents ? Pourquoi sont-ils si sûrs d'eux ? Evidemment, moi, je ne connais rien à la vie... Je sanglotais. Je fus prise de vertige, comme toujours, mais quelle importance ! Au contraire, mon envie la plus forte était de me laisser basculer en avant, dans le vide... Je ne peux estimer le temps pendant lequel je suis restée ainsi. Le bilan d'un passé, si court et si raté, vingt ans ; la vision de ma vie future n'était que dramatique. Comment envisager un avenir ? Le vide était autant en moi que devant moi. Ma tête devenait de plus en plus lourde. Malgré tout, peu à peu je me suis redressée ; j'ai recommencé à faire des pas sur cette grande terrasse, où le vent soufflait et faisait voleter mon déshabillé. Quelle impression de gâchis, insupportable...

Je n'ai pas sauté...

Romain a entrepris de bricoler un peu ; par exemple, fixer des accroche-verres dans le placard de la cuisine. Il s'est arrêté quand il est passé à travers le mur de l'entrée... Les verres sont restés posés à plat, et j'ai accroché une gravure sur le trou. C'était bien ainsi.

Holala! Mes beaux-parents annoncent leur visite, accompagnés du dernier frère de Romain, Amaury, qui n'avait pas pu quitter l'Algérie pour assister à notre mariage. Il venait de passer à travers la vitre arrière d'une 203, en faisant une manœuvre militaire.

Que faire ? Comment ne pas les garder à déjeuner ? Ouf ! Ils nous invitent au restaurant; en plus de leur gentillesse, ils ont du flair !

Nous allons faire un tour en Camargue qui me plaît beaucoup. Mer et oiseaux. Nous passons par Nîmes ; Romain parle de corrida.

Ils sont repartis contents, nous avions l'air heureux...

S'annonce, peu après, la visite d'un autre frère de Romain et de sa femme. Là, je décide que ce serait le grand jeu : je ferai le déjeuner. Heureusement, ils apportent un dessert, c'est plus prudent. Je me lance : bifteck et pommes de terre sautées, salade (sur ce chapitre-là, j'étais à mon aise : j'avais tellement souvent trempé du pain dans la sauce de salade préparée par la cuisinière de mes parents, que je savais comment faire la vinaigrette). Fromage, dessert apporté par eux. Pas de problème. Je déplie la table demi-lune, déploie une belle nappe de mon si beau trousseau et l'argenterie. Yep ! J'apporte la viande et les pommes de terre ; la viande, du cuir, bien cuit ; les pommes de terre, brûlées dehors et crues dedans. Difficile de faire mieux ! No comment, encore des gentils !

J'inaugure la fameuse cafetière Cona ; je comprends le système : deux bols l'un au-dessus de l'autre : de l'eau dans celui du bas et le café en haut... quelle dose de café ?

Ma belle-sœur me sauve : elle a la même. Je ne prends pas de notes, mais répète tout in petto, deux fois. J'avais acheté de l'alcool à brûler pour remplir le flacon à mèche que l'on allume en dessous. Tout va bien...

Je m'ennuie ferme. Je ne connais personne à Montpellier. J'attends trop et même tout de Romain. Je ne me prends pas en charge. Je lis. J'écoute le Don Juan de Mozart en boucle et chante toute seule. J'alterne avec la Messe en Si de Bach. J'ai usé plusieurs de ces disques en vinyle. La journée est vide. J'attends le retour de Romain, ce qui ne m'apporte rien de nouveau, malgré mon attente. Tout est répétitif...

Je me secoue enfin et sors, seule, faire la connaissance de la ville ; j'entre dans les cours, je découvre les ruelles, les églises, la Promenade etc. J'en garde pour le lendemain.

Quelle solitude ! Je ne m'inscris même pas au Club de tennis ; pourquoi ? Je me le demande aujourd'hui. Sans doute parce que le mois de juin est bien installé et que Romain est d'accord pour que nous allions souvent à la plage. Le soleil est mon ami, la mer est mon élément. Là, étendue sur la plage, je me sens bien, ce sont des bons moments pour moi. Dommage : Romain ne peut pas risquer de mettre de l'eau dans son oreille... il ne se baigne donc pas. Je me baigne seule.

Romain propose que nous allions voir une corrida. Nîmes, la maison carrée où la statue d'un empereur romain a fière allure : il tend un bras à l'horizontal, d'où son surnom :

Plao, plao pas ?

Quelle belle ville ! En juin, il ne plao pas, il fait même une vraie bonne chaleur : les initiés sont installés à la limite soleil-ombre, pour être à l'aise au moment du spectacle. Romain m'explique que seul un taureau s'en est tiré vivant avec les honneurs de celui qui combat bien. On l'a chargé de fonder une famille aussi valeureuse que lui... Les taureaux de Camargue sont mauvais pour les corridas : ils voient trop de monde et ne sont plus assez sauvages.

Nous allons parfois au cinéma et au théâtre. Nous y avons vu Robert Lamoureux, qui ne me semblait plus tout jeune. Je comprends pourquoi la dernière fois où j'ai assisté à une de ses pièces, on entendait crier le souffleur, et lui, pas.

En septembre, Romain réitère la proposition d'assister à une corrida ; je traine un peu les pieds, je ne sais pas qui est sauvage, qui ne l'est pas.

Je me familiarise avec le marché couvert où je me rends volontiers. Une seule rue à traverser. Le besoin de voir la vie, celle qui bouge.

Je m'arrête au passage clouté pour laisser passer une Dauphine... qui s'arrête pile. J'entends :

Clémence, Clémence !

Je me penche. Jacques... Jacques de Cordes, Jacques du Bois de Boulogne, Jacques de Rome surtout... Il me regarde avec un petit sourire un peu inquiet :

– Clémence ! A Montpellier ?

Ma vue se brouille, je n'arrive pas à parler mais finis par bredouiller :

– J'habite Montpellier...

Jacques, je suis mariée depuis un mois...

Je souhaite que le sol s'entrouvre et m'engloutisse comme la statue du Commandeur à la fin de Don Juan... Jacques démarre tout lentement, sans rien dire, en me regardant...

– Pardon, Jacques, pardonnez-moi...

je ne peux même pas l'articuler. Il est loin maintenant ; je reste pétrifiée avec mon petit panier... A peine plus d'un an s'est passé depuis que je lui ai dit :

C'est impossible, je suis trop jeune,

je ne peux pas me marier maintenant....

Comment faire autant de mal à quelqu'un, que l'on aime ou a aimé ? Je sais encore moins que jamais où je suis, qui je suis, comment je vis, pourquoi je vis, pour qui... pourquoi, comment, jusqu'où...

Je ne tombe pas par terre, ni sous terre. Je suis un automate, je rentre dans l'immeuble, je m'appuie contre la porte de l'ascenseur, je respire mal, je m'applique à inspirer lentement, j'ai froid, j'ai chaud. Je me retrouve « chez moi » ? Vraiment, est-ce un vrai chez MOI ?

J'en ai parlé brièvement à Romain :

J'ai rencontré un ami que j'ai connu il y a 5 ans,

Je n'aurais pas supporté qu'il ne comprenne pas mon trouble après cette rencontre.

Ma vie m'était étrangère, faite d'espoirs déçus, horriblement triste et solitaire, incroyablement ennuyeuse. Tant de silence et de maladresse de la part de Romain. Quand je lui exprimais mon sentiment de solitude ressenti même en sa présence, et mon ennui, il « plongeait » immédiatement et s'emberlificotait dans une forte culpabilité :

Je sais bien que je suis nul, ...je ne sais pas...

Je ne suis pas drôle, c'est de ma faute...

Je sais bien que je suis nul...pas drôle pour toi, etc.

Devant ses réactions, je ne trouvais pas d'autre réponse que le tirer hors de l'eau dans laquelle il se réfugiait. Le remonter à la surface de lui-même. J'oubliais, pour un moment mon insatisfaction, sur tous les plans, et lui expliquais qu'il était un type bien... Je n'étais pas fière de moi : j'étais sans doute trop difficile... Combien de fois, alors qu'il s'était endormi, me suis-je plongée dans un bain très chaud pour essayer de me calmer, corps et esprit ? Je n'arrive pas à l'aimer...

Je suis, foutue, foutue... aucune issue...

Toujours réel et insupportable. Il faut que je me calme...

Nous avons passé le mois d'août chez mes parents en Normandie. Nous aurions pu aller ailleurs... Maxime et Brigitte étaient parfois présents eux aussi, avec leurs deux petites filles. Le grand jeu, qui plaisait à tous, était le Mahjong ; même mon père s'y était mis, une fois ; non, pas plus. Nous avions fait venir la vraie règle complète de Londres ! Le jeu en lui-même est composé de sortes de dominos appelés « tuiles », en bambou et ivoire ; les jetons en nacre. Amusant et beau. J'ai gardé le coffret.

Maxime avait des idées précises et bien fixes sur les plantations d'arbres. Ses projets ne coïncidaient pas toujours avec ceux de mon père ; des disputes sur ce sujet inédit s'ensuivaient...

Maxime fit preuve d'un grand courage : s'attaquer au désherbage de la grande pièce de terre qui descendait en pente douce jusqu'au tennis, au fond du parc. Il était armé de tout l'attirail adéquat : un long tuyau, deux arrosoirs, des bottes, des gants de protection et LE produit spécial. Il a mis en route son chantier, avec détermination et confiance. Après deux jours complets il s'en est sorti, à angle droit, avec un spectaculaire mal de dos ; également avec une sorte de satisfaction du devoir accompli. La semaine suivante, il est allé voir de près les mauvaises herbes et plantes qui, d'après le mode d'emploi, devaient mourir par gigantisme. Effectivement, géantes, oui... mortes, non... C'est alors qu'il lut avec beaucoup plus d'attention le mode d'emploi. Il s'était trompé dans les doses et n'avait pas mis suffisamment de produit. Nous avions gagné un début de forêt unique, faite de mauvaises herbes de toutes sortes.

Mon père a arrangé l'affaire en faisant labourer le terrain cette année-là et toutes les années suivantes.

De retour à Montpellier, en octobre, j'ai perçu de fortes douleurs dans le ventre, accompagnées de quelques désordres physiques. Le médecin a ordonné des analyses. J'étais enceinte ! Quelle joie profonde, pour Romain aussi, je pense, mais en le montrant à sa manière, avec modération et en exprimant ses craintes. J'ai commencé à vivre une période de trois mois de nausées permanentes. L'odeur de la pipe, chaude ou froide, mêlée à celle du café à l'alcool à brûler de la fameuse cafetière Cona et à celle du rideau neuf, en bois enroulé à la fenêtre de la salle de bain...Les souvenirs olfactifs sont bien réels ! Vous ne sentez rien ?

Je ne pouvais pas tenir debout sans hauts le cœur « avec effet ». Je restais donc allongée, la plupart du temps. Un soir, en se projetant dans un avenir très personnel, Romain est rentré, fièrement encombré d'une documentation complète sur les trains électriques :

Voici pour te distraire !

Sûr de son coup ! Je me suis lancée « A la recherche du temps perdu » avec Proust.

Je maigrissais beaucoup. Le médecin m'a donné très sérieusement l'ordre de me nourrir. Peu à peu je me sentis mieux.

Ma belle-mère est venue me voir quelques jours. J'en étais touchée et heureuse. Une cousine de Romain, également. Je ne les ai pas beaucoup distraites, ni sorties pour visiter la ville. Elles m'ont donné de leur temps et leur affection. C'était bon. Ma mère est venue à la fin de ma grossesse, lorsque j'avais vraiment réussi à me nourrir : 20 kilos de plus que mon poids normal. Bien entendu, j'avais tricoté une layette plus pour des jumeaux que pour un seul bébé. Je souhaitais un garçon et Romain aussi ; pour jouer au train électrique ? Fin mai, ce fut Jérémie. Magnifique, mon petit garçon... Je savais bien qu'il serait plus beau que tous les autres bébés. La famille Vallonpierre, mon beau-père surtout, pavoisait : c'était le premier descendant mâle chez les Vallonpierre ; pour une fois, il damait le pion à son frère aîné...

Trois semaines plus tard, Daddy est mort. Nous avons retrouvé un bon nombre de petits morceaux de papiers sur lesquels il avait écrit d'une écriture tremblée, pour ne pas oublier :

Jérémie, Jérémie...

Ma mère disait :

Ne venez pas à l'enterrement, c'est trop fatigant

Bien entendu, je voulais absolument être présente et nous sommes allés en Normandie, un peu en avance sur les dates prévues et c'était bien.

Eté 1962. Romain a changé de poste et s'est retrouvé à la Direction des Mines à Paris.

Le soir où j'avais été priée de me retirer dans ma chambre, à l'époque des « fiançailles » mes parents avaient parlé « dot » aux parents de Romain. Il avait été décidé d'une somme qui nous servirait à l'achat d'un appartement. Ma mère s'est chargée de trouver l'appartement

Qu'il vous faut

6

Nous nous sommes retrouvés à Vaucresson, avec Maxime et Brigitte, dans un groupe d'immeubles construits dans le parc de l'ancien château.

Treize mois après la naissance de Jérémie, Thomas a fait son apparition au monde. Mêmes joie et émotion pour moi à l'annonce d'un deuxième enfant C'était à la fin du séjour à Montpellier. Romain avait été net : il m'a copieusement eng...

C'est trop tôt, comment vais-je (!) faire ?

Je n'ai pas voulu combattre, expliquer simplement que la vie est belle, qu'un enfant est un cadeau. Je me suis attachée à attendre ce nouveau bébé dans la joie et le calme, tout en ayant beaucoup de mal à ne pas en vouloir à Romain. Thomas est né à l'hôpital américain à Neuilly. Brigitte et Maxime m'ont raconté, plus de trente-cinq ans plus tard, que ma mère, eh, oui, en voyant le bébé qui venait de naître, s'est écriée :

– Mon Dieu ! Il n'est pas normal !

Je ne comprends toujours pas comment et surtout pourquoi elle a prononcé cette phrase... Qui n'était pas

93

« normal(e) » ? Oui, elle, ma mère ! Il faut bien en arriver à le dire, après tous les cirques que nous avons vécus, les miens en particulier.

Les kilos accumulés pendant ma première grossesse, n'avaient pas eu le temps de fondre. J'avais vingt-deux ans. Je ne supportais pas de me voir dans la glace, encore moins me peser. Ma mère, pour la seconde fois, (la première était Rome), eut une bonne idée : une cure d'amaigrissement en Allemagne, dans une clinique spécialisée, au bord du lac de Constance. Neuf kilos en trois semaines, bien surveillée par une équipe médicale. Qui dit mieux ? Là, pas besoin de saturateurs aux radiateurs, j'ai accepté de boire des litres de tisanes. Mon poids s'est stabilisé, même au cours de ma troisième grossesse, quatre ans plus tard.

1963. Vaucresson.

Romain a enfin consulté un bon ORL, après avoir vu celui qu'il connaissait et qui, à l'auscultation, a provoqué un vertige tel que Romain s'est évanoui... Diagnostic : il fallut nettoyer à fond cette oreille sans tympan, et surtout ne pas effleurer le nerf facial... Une paralysie s'ensuivrait. Grande appréhension bien naturelle. L'opération eut lieu, sans dommage. Pendant plusieurs semaines, Romain ne pouvait pas marcher sur une terre qui n'arrêtait pas de tourner trop vite... Une très sale période pour lui.

Puis, il a enfin pu envisager de se remettre au travail.

Maxime et lui partaient ensemble le matin pour le même Ministère. Dans la 2CV de Maxime, s'accumulait un nombre impressionnant de numéros du journal « Hara-Kiri, journal bête et méchant » dont ni Brigitte ni moi ne voulions chez nous !

Pour ma part, je préférais nettement « l'Os à moelle » de Pierre Dac :

Un smig géant abattu en forêt de Fontainebleau

Petites annonces : cinq francs la ligne, un franc l'hameçon

Que c'est bon de rire.

A Vaucresson, nous commençons à avoir une certaine vie sociale. Nous sommes invités par les Arthuis, Pierre et sa femme, à un « dîner de tête ». Pierre, petit-fils d'Albert, marié trop jeune, disait son grand-père. Je me réjouis à cette perspective. J'ai pourtant quelque crainte de me trouver confrontée à des Arthuis qui me sont tellement supérieurs... Je me déniche une perruque brune. La tête de Romain ? Je ne sais plus. Nous ne connaissons qu'un ménage ou deux. Je me retrouve placée à la droite du maître de maison ; il porte une florissante perruque Louis XIV. Je croyais qu'il s'était déguisé en cocker, les oreilles trempaient dans son assiette.

Une fondue ! Le réchaud n'a pas l'air très stable, mais Pierre a préparé à ses côtés un extincteur. Rassurant, non ? Je me rends compte alors de quelque chose de totalement anormal, de réellement imprévisible : quand

Pierre parle, je le comprends ! Je comprends ce que dit un Arthuis! Je ne devrais pas : j'avais une telle haute idée de cette famille, et un jugement de moi-même si lamentable, que je n'avais jamais imaginé pouvoir me sentir de plain-pied avec l'un d'eux. Attention! C'est peut-être momentané, unique, pour un seul soir. A voir plus tard. Je stockai cette constatation dans ma mémoire et passai une très amusante soirée.

A mon tour, j'ose lancer des invitations, et même, pour une vingtaine de personnes à la fois. Trois tables. Les Arthuis viennent, ainsi que le ménage de ce Gilles qui me tirait si fort mes nattes, à l'époque des bombes à eau. Dîner animé. J'avais posé devant l'assiette de Pierre un verre à double fond. Il ne pouvait pas s'en servir, ni oser en demander un autre. J'avais appris à cuisiner, pas besoin de lancer le riz au plafond, il est cuit à point.

L'après dîner est particulièrement amusant : le ménage Arthuis reste plus longtemps que d'autres et la conversation est brillante. Mais oui ! Ça continue : je le comprends toujours et sans aucun effort... Je suis toujours étonnée et me sens singulièrement à mon aise.

A Vaucresson, notre vie est plus vivable, « la vie » est plus vivable... qu'à Montpellier. Bien entendu, Romain est toujours aussi silencieux et enfermé dans sa maladresse et ses angoisses.

Nous n'aurons pas de quoi finir le mois.

Je fais des comptes très précis, je ne me constitue pas de cagnotte, comme le faisait ma grand-mère. Je ne décèle aucune raison de nous alarmer.

Pour surnager dans la vie, c'est à dire tout juste respirer, Romain avait besoin de trouver au moins un sujet angoissant par jour. Sa solution pour supporter l'idée d'un drame prévisible était de s'immerger dans le plus ardu des problèmes de mathématiques. Enfoui dans ce sujet où il excellait, il commençait à se sentir un peu mieux et surtout, loin de la vie.

Quelle attitude devais-je adopter en face de ce profond pessimiste ?

Lutter de front contre son pessimisme, en essayant de lui faire découvrir les beaux et bons côtés de la vie ? Il me prenait pour un petit oiseau quasiment débile.

Glisser même très légèrement dans son sens ? Je l'enfonçais dans sa conviction d'être le seul à voir

La vie telle qu'elle est

et dans son besoin de se faire le plus de mouron possible. Ainsi, je le noyais complètement et nous entrions dans la pire des situations. En ce cas, il me prenait, certes, pour quelqu'un de plus

Raisonnable,

mais n'avait pas la force de retrouver un équilibre.

Malgré tout, je devenais à ses yeux,

Un peu plus réaliste

Et après ? Nous en étions toujours au même point !

L'humour ? Pas d'humour. Sa sensibilité était trop à vif, son angoisse trop profonde pour qu'il comprenne que je plaisantais en affirmant en riant que

La vie est une suite de contes de fée.

Un vrai pessimiste se dit toujours

Réaliste

Ceux qui ne raisonnent pas comme lui, sont aveugles et en grand danger. Heureusement, il est là pour

Leur ouvrir les yeux, et les sauver

En face ou à côté d'un réfractaire au bonheur, de plus, handicapé de la communication en parole et en geste, comment vivre ? L'amour peut-il trouver une place ?

Moi, je n'ai trouvé ni la clé, ni un quelconque outil pour l'ouvrir à la vie...

Nous vivions moins seuls. Je me suis mise à jouer au tennis régulièrement. J'ai fait la connaissance de quelques femmes qui habitaient la même résidence ; surtout celle de l'étage du dessous du nôtre. Cette femme-là passait ses journées à guetter les nuages :

Il pleut, je rentre la voiture au garage,

il ne pleut plus, je la sors du garage

et la range sur ma place de parking....

il re-pleut, etc.

Elle se plaignait du bruit que faisaient nos fils, en jouant aux petites voitures sur le balcon, le matin. Et :

Vous devez faire du trafic de linge :

votre machine à laver tourne toute la journée !

Elle oubliait sans doute que j'avais deux enfants de deux et trois ans et qu'elle-même n'avait pas inventé les couches jetables, pas plus que le fil à couper le beurre.

Elle a commencé à nous menacer par téléphone, les mots « police et mort » revenaient fréquemment dans ses invectives. J'étais souvent une

Sale comtesse !

Quand elle a commencé à téléphoner la nuit, j'ai fait attention de ne pas prendre le même ascenseur qu'elle, lorsque mes enfants m'accompagnaient.

Dans le même escalier, je m'étais fait une vraie amie qui venait parfois chez moi pendant la sieste de mes enfants. Un jour, coup de sonnette insistant, bien trente secondes, c'est long... Je fais un geste à Claire, lui montrant l'appartement du dessous. J'ouvre la porte et me retrouve face à une bordée d'injures difficiles à comprendre et à retranscrire. Je lui demande de se calmer. Et vlan, elle me frappe assez violemment sur l'avant-bras gauche. Je la fais entrer, juste assez pour qu'elle constate que je ne suis pas seule. Je la mets dehors sans violence, pas même verbale. Claire se charge de lever et garder mes enfants et je file au Commissariat de Police où je suis accueillie par un policier tout droit sorti d'une pièce de Courteline : képi bien enfoncé, front bas, l'air nettement ahuri :

– *C'est pour quoi ?*

– *Je voudrais voir le Commissaire, s'il vous plait.*

– *C'est pour quoi ?*

– *Pour déposer une plainte pour injures et coup*

– *Ah... vous avez un certificat médical ?*

– *Non, mais j'ai un témoin.*

– *Ah... ben, installez-vous là, je vais voir...*

Pour m'installer, je me suis installée. Deux heures. J'ai tenu bon, sans impatience. Je fus reçue par M. le Commissaire qui avait peut-être espéré me décourager. Après que j'aie raconté mon affaire, il m'a demandé :

– *Quand j'interrogerai cette dame, me dira-t-elle*

  que, vous aussi, vous l'avez battue ?

– *Non !!... Le jour où il n'y aura pas de témoin,*

  je ne sais pas !

Il a ri ! J'ai dit ma peur qu'elle s'attaque à mes enfants. Elle paraissait prête à tout. Il a ordonné une enquête dans la résidence où tout le monde la connaissait, la pauvre...

Cette sale comtesse, je la tuerai

et ses garçons...

et sa machine à laver... etc.

Ma plainte fut enregistrée ; ce qui me rassura fut que la dame en question commençait à faire des compliments de mes

Adorables petits garçons, si sages, si tranquilles...

Deux jours plus tard, le mari est rentré de voyage, il nous téléphone pour nous demander :

– J'aimerais vous voir après le dîner, si cela ne vous dérange pas trop.

– Mais non, monsieur, montez quand vous voulez.

Il est arrivé, en pantoufles, l'air très gêné, le pauvre homme.

– Il faut excuser ma femme, elle va mal

depuis notre retour d'Algérie.

Elle s'ennuie beaucoup et je suis souvent absent.

Vous comprenez, pour moi, professionnellement,

c'est très ennuyeux

qu'une plainte ait été déposée...

J'intervins :

– Monsieur, votre femme me fait peur, pas à vous ?

– *Oh ! Vous savez, elle n'est pas pire qu'une autre...(sic)*

Ce fut Romain, cette fois :

– *Monsieur quelques siècles en arrière,*

je vous aurais donné rendez-vous demain à l'aube, là...

D'un geste ample, très rare chez lui, il désignait le pré qui s'étendait derrière l'immeuble! Très grand siècle. Ses ancêtres venaient lui donner un coup de main ! Il m'a bluffée et le voisin aussi. Celui-ci est reparti, les pantoufles basses. J'ai fini par retirer ma plainte, sur les conseils du Commissaire, avec la certitude qu'il y aurait récidive à la moindre anicroche. Lorsque nous avons mis notre appartement en location, les locataires n'ont pas tenu le coup !

1965. Romain passe du secteur public au secteur privé : il « pantoufle ». Pendant l'été, il visite des usines :

– *Pourquoi vous n'allez pas travailler*

dans une zusine à gâteaux ?

demande Jérémie qui a quatre ans.

Romain est inquiet de la décision qu'il a prise, bien sûr...

Je suis enceinte pour la troisième (et dernière) fois. Nous partons pour la Lorraine sidérurgique, et sommes installés devant les « zusines ». Lorsque la porte du garage ne tremble plus, le dimanche matin, nous sommes réveillés par le silence.

La vie ressemblait à une vie de colonie. Les ingénieurs venaient pour la plupart d'Ecoles parisiennes. Le travail était très prenant, mais l'existence plaisante; des fêtes fréquentes chez les uns et les autres. Pour la plupart, nous vivions dans des maisons agréables. Ce furent les meilleures années pour moi, parmi cette accumulation de désillusions et de chagrin.

Nous sommes invités à un dîner bridge... Je n'ai qu'une très vague idée de ce jeu. A dîner, nous sommes installés par tables de huit. A mes côtés, se trouve un homme de petite taille qui commence à parler, parler et parler encore, puis à pérorer ; pas moyen d'intervenir :

Moi je et puis je et moi je...

Quelques-uns des convives font des essais d'intervention, vite infructueux. Je me tais... Café, installation des tables de jeu. Distribution des places... Qui est mon partenaire ? OUI, LUI ! La première donne arrive et me pose une difficulté d'enchère.

– Excusez-moi, une seconde, j'ai un dilemme

Le petit coq de partenaire se redresse :

*– On ne dit pas dilemme mais **dilemne***

– Monsieur, je pense que lorsque vous étiez petit,

vous vous êtes plus souvent assis sur le dictionnaire

que vous ne l'avez ouvert...

Oups ! C'est parti, très fort, très vite et très méchamment... Tous ont entendu, des rires ont fusé. On pouvait s'amuser dans cette région-là ! J'aime rire, mais là c'était vraiment méchant. Malgré tout, j'avais de la vie en moi !

J'ai la joie d'attendre un troisième enfant. Tous les soirs, je passe un moment histoires-câlins avec mes fils.

Je suis assise sur le lit de Jérémie. Il a quatre ans et demi :

– *Holalà... vous avez un gros ventre !*

Nous y voici :

– *J'ai un gros ventre, oui ;*

  et je vais te dire quelque chose :

  dans mon ventre, il y a un bébé.

Je me baisse pour l'embrasser :

– *Il ne faut pas vous pencher, vous allez faire mal au bébé*

Je lui explique que le bébé est bien protégé. Il s'endort. Thomas regarde et écoute sans intervenir. Il a trois ans.

Quelques jours passent :

– *Pourquoi le bébé est dans votre ventre ?*

  Les bébés, ça vient tout seul ?

Ça se précise !

– *Tu as raison, dans le ventre de la maman,*

..il y a une petite graine qui un jour grossit

* et devient un bébé.*

– Pourquoi un jour la petite graine grossit ?

Nous y sommes :

– Pour que la petite graine de la maman grossisse,

* Il faut une petite graine du papa.*

C'est suffisant, puis :

– Mais ! les petites graines des papas,

* elles viennent pas toutes seules,*

* les petites graines, ça a pas des jambes...*

Là, je plonge ! Je parle de gros câlin spécial et d'amour. J'explique tout avec les mots les plus simples et précis possibles... Il est satisfait et passe sa main sur mon ventre ; il sent les mouvements du bébé :

– Peut-être que le bébé aimera jouer au football ?

Thomas sort de son lit : le football l'attire plus que les petites graines. Il sent aussi les mouvements du bébé. Je ris, je les embrasse et sors de leur chambre, assez contente de moi...

Deux semaines plus tard, je remarque une angoisse et du chagrin dans le regard de Jérémie. J'attends un moment :

*– Mais, alors, vous ne m'avez pas **choisi**, moi...*

Il aborde, en fait, un sujet métaphysique, avec sa logique étonnante. Il a peur, il est déçu. Comment le rassurer ? Il a peur. Je le lève et le mets devant une glace :

– Regarde, quand j'ai su que j'attendais un enfant, je voulais un garçon aux cheveux blonds tout raides, et aux yeux bruns. Regarde-toi ! Tu es comme je te voulais. C'est exactement toi !

Puis quand j'ai su que j'allais avoir un autre bébé, je voulais un autre petit garçon, un peu différent de toi. Regarde Thomas. Il est tout bouclé et il a les yeux bleus. Vous êtes tous les deux exactement comme je le souhaitais.

Maintenant, j'aimerais beaucoup que le bébé soit une petite fille, mais on ne peut pas le savoir avant sa naissance...

Il sourit, l'angoisse a disparu et il court vite se coucher en faisant une cabriole, tout heureux... Thomas s'est endormi.

Moi aussi, je suis rassurée !

Deux mois plus tard, la voici, ma petite fille Barbe, un prénom de la famille Vallonpierre ! Je téléphone aux garçons pour leur annoncer la naissance de la petite sœur. Jérémie prend l'appareil :

– Vous avez bien de la chance,

Vous avez tout ce que vous voulez !

Je suis tellement heureuse d'être maman de trois enfants merveilleux... Jérémie a raison : j'ai cette chance-là !

Dans son nouveau métier, Romain n'est resté que dix-huit mois. Après son parcours dans les usines et dans tous les services, on lui a expliqué que

L'industrie est un métier difficile...

Lui-même ne se sentait pas à l'aise.

Je ne sais plus comment il s'est retrouvé embauché dans une grande banque à Paris... Quand on me demandait ce qu'il y faisait :

Je ne sais pas bien, mais il a de la moquette dans son bureau !

C'est un grade, certes, mais pas un job ! En fait, il était devenu ingénieur conseil.

Vaucresson avait été vendu et... ma mère avait trouvé à Paris l'appartement qui était celui qui, que, dont... Elle ne nous en n'a pas fait visiter un autre.

C'est un appartement superbe, convenant parfaitement aux nouvelles fonctions de Romain

Bien entendu, Romain était très fier, bien que son père lui ait dit :

Tu n'es pas fait pour la banque...

J'aimais bien mon beau-père.

Mai 1968, à Paris, les pavés ont commencé à voler bas, signe d'orage et de révolte. Les évènements rendaient Romain pessimiste à l'extrême :

C'est une vraie révolution qui se prépare.

Il faut envisager notre départ.

Je ne parvenais pas à le calmer.

Me retrouver à Paris, si près géographiquement de mes parents... J'avais, moi, l'impression de tourner en rond et de me retrouver dans ma vie d'avant. Retour à la case départ, avec une bonne dose supplémentaire de désespérance. Ma mère était ravie, elle pouvait à nouveau exercer son autoritarisme ; en outre, elle en avait trois de plus sous sa coupe. J'ai senti le danger, à tel point que j'ai demandé à Romain de nous installer ailleurs... Ma mère a beaucoup flatté Romain qui n'a pas pris au sérieux mes craintes. Trop compliqué pour lui...

Romain.

Comment le décrire ?

Pas de date précise ; j'ai eu, dès le début, la perception d'un être monolithique, immuable. De plus, mes découvertes furent à la fois progressives et par à-coups, depuis le premier jour de-vie-commune-pas-en-commun. Je lui avais dit quelque temps après notre retour à Paris.

Je ne finirai pas ma vie avec toi

Je le percevais profondément.

C'était un homme digne, honnête et travailleur ; maladroit, pas « né à la vie ». Ses parents n'étaient pas démonstratifs, c'est un euphémisme. La nurse qui a élevé les quatre frères, m'a dit:

Jamais on n'aurait imaginé que Romain se marierait un jour.

Son père n'a jamais embrassé un de ses enfants.

Il ne caressait que son chien...

J'ai aussi interrogé son plus jeune frère que j'appréciais particulièrement : Amaury, parrain de Jérémie :

– Est-ce moi qui l'ai rendu aussi pessimiste, taciturne et malheureux ?

Comment était-il avant de se marier ?

Il est toujours muet, sombre, je n'y arrive pas...

– Mais il est beaucoup plus détendu qu'avant !

En vacances, à la montagne,

il lisait des romans policiers,

toute la journée sur son lit à l'hôtel !

Tu réussis même, parfois, à le faire rire ! Bravo !

Ouf ! Merci Amaury, ce n'est pas moi qui l'ai déglingué... C'est toujours ça. Je me sentais très coupable vis à vis de cet homme visiblement malheureux, or il l'avait toujours été, malheureux. Cela m'aidera-t-il à vivre avec lui pour autant ?

Son père avait traité Romain d'incapable et celui-ci avait épuisé ses neurones pour entrer à l'Ecole Polytechnique, la fameuse « X », et surtout pour en sortir dans les premiers. Son père, lui, avait moins bien réussi sa sortie de l'X. Romain n'avait pas eu la possibilité de développer autre chose que le domaine intellectuel. Le côté humain et sensible est resté, même pas en gestation, en rade.

De plus, son problème d'oreille, survenu pendant la guerre et mal soigné, a été un gros handicap. C'était un homme à plaindre. Je le plaignais. Même un demi-sourd est très isolé ; et quand une nature enfermée et malhabile s'ajoute à cela...

Sa mère, dévouée et maladroite, avait jugé que pour l'éducation sexuelle des enfants, il suffisait de déposer un livre traitant du sujet, sur leur table de nuit, à l'âge adéquat. On ne parlait pas dans cette famille-là non plus.

Pendant des années je l'ai encouragé à exprimer quelque chose de lui-même et pas seulement de ce qu'il savait. Il se réfugiait toujours dans un domaine intellectuel où il se sentait à l'aise : histoire, géologie, mathématiques, le Hoggar, (hormis les histoires de serpents, ouf !). Rien de personnel. En revanche, de mon côté, je l'encombrais et le déstabilisais encore plus avec mes états d'âme et les rhumes des enfants.

Une déception de plus pour lui :

J'avais rêvé d'une vie dans le désert,

j'aurais aimé acheter une voiture de course ;

j'ai dû y renoncer pour me marier.

Que de regrets....

Même pas une maladresse envers moi, il me faisait seulement mal.

La vie avec lui était une suite d'espoirs déçus et de sujets solennellement dramatiques. Le ciel ne pouvait pas être tout simplement bleu... on annonçait la pluie pour le soir. Un être complètement enfermé en lui-même, indécis à tout sujet et victime d'un besoin permanent de se rassurer, peut-il éprouver de la joie ou trouver un peu d'intérêt aux autres ? Je pense que lui non plus, il n'en était pas revenu de se retrouver marié... Il était à sa manière autant blessé que moi. Même plus, car, à l'heure actuelle, il ne semble toujours pas né.

J'avais dit un jour à Romain que j'aimais les hortensias blancs ; à chaque date de mon anniversaire, le fleuriste livrait trois hortensias en pot... Une année, en rentrant, il a lâché :

C'est bien, j'avais peur que ma secrétaire

ait oublié de le dire à sa remplaçante...

Presque risible si ce n'était pas si triste et si bête.

J'étais trop fleur-bleue,

Blanche, je le suis devenue.

J'ajoute le rouge de colère

Et le vert de rage...

Je ne lui ai pas envoyé le pot à la figure. J'en suis encore à tenir bon, en me forçant à me dire :

Demain ça ira mieux,

ce soir ça ira mieux.

Je finirai bien par arriver à le rendre vivant.

Pourquoi continuer à faire « comme si » alors que je n'en peux plus ?

Par peur et par orgueil... Orgueil ? Oui. M'acharner et ne pas accepter la situation telle qu'elle est, me croire plus coriace, plus forte que je n'étais. Pas de taille pour mener cette tâche à bien. La méthode Coué, encore :

Je peux si je veux...

Je semble réfractaire.

C'est moi qui me donnais à moi-même ce but, comme un devoir. Orgueil qui me menait à un effondrement de plus en plus prévisible.

Je me suis acharnée, je ne voulais pas avoir autant raté ma vie. J'oscillais entre les moments où je me bouchais les yeux, me mettais la tête sous l'aile et ceux où je plongeais dans un grand désespoir.

Paris. Des anciens amis retrouvés, des amis à moi, car Romain n'a jamais eu d'amis. Je ne l'ai jamais entendu téléphoner à quelqu'un dont il aurait été proche...

Un groupe de bridgeurs, une cagnotte ; un chœur où je chante; quelques sorties amusantes ; des fins de semaine dans la maison que nous avions fait construire, comme de pauvres andouilles, dans la propriété de mon père. Celui-ci n'a jamais voulu me donner le terrain. J'étais coincée par mes parents : une maison sans terrain, le résultat de ma dot, après la vente de l'appartement de Vaucresson. Je m'étais imaginé qu'en n'habitant pas la maison de mes parents, les week-ends seraient plus vivables. J'en étais encore là. Je m'occupais des enfants. Je ne leur montrais certes pas l'image d'une maman heureuse et ils en ont pâti, évidemment. Cette vie où je voulais malgré tout tenir le coup m'a enfermée dans une bulle dure et égoïste. Ligotée par mes incapacités.

Notre appartement de Paris était grand. Pour la carrière de Romain, je devais recevoir, et, bien, même !

Un soir, les derniers invités à dîner ont du retard. Une dame se charge d'ouvrir la porte et de prendre les manteaux. Tant pis, nous avons commencé l'apéritif, whisky, porto, jus de tomate, gin... Pas encore la mode du champagne avant le dîner.

Enfin, le coup de sonnette attendu retentit, j'attends avec les autres invités que les derniers fassent leur entrée au salon. Or, s'encadrent dans la porte... des inconnus ! A la vitesse de l'éclair, j'imagine que Romain a invité un ménage supplémentaire, cette initiative est pourtant totalement impensable.

Il faut une rallonge plus grande, donc une autre nappe,

l'entrée est déjà préparée sur des assiettes individuelles,

je n'ai pas sorti assez de couverts...

Dans la panique, mes neurones vibrionnent à toute allure sur des données fausses. Le ménage inconnu parait un peu étonné :

– *Nous sommes bien chez Madame Untel ?*

– *Ah non ! Elle habite juste en dessous !*

J'étais tellement soulagée:

– *Maintenant, il n'y a plus de problème !*

Vous pouvez même rester dîner chez nous, si vous voulez !

Tout le monde a ri. Ils ont repris leurs manteaux et descendu un étage...

Il y avait quand même de bons moments... sur des riens très fugitifs.

J'en étais arrivée à ne plus vouloir dormir dans la même chambre que Romain. Le matin, il mettait bien deux minutes à choisir ses chaussettes. Il allait

Vivre une journée très difficile.

Tous les matins nous entamions une mauvaise journée...J'ai fini par faire semblant de dormir ; ce fut pire : il n'arrivait pas à décider tout seul la couleur des chaussettes, encore moins à résoudre la question subsidiaire : la cravate ? Je ne le supportais plus.

Il ne se passait rien entre nous, à part les questions que je posais, auxquelles il ne savait pas répondre, quel que soit le sujet. J'aurais aimé pouvoir rire avec lui. Mais d'après lui :

La vie est trop sérieuse pour rire tout le temps...

La vie était surtout inexistante, entre nous. J'ai fini par m'avouer à moi-même que je ne pouvais pas vivre sans les paroles et sans les gestes que j'attendais et qui ne viendraient pas.

Je me suis dit que le mieux serait de déménager, de nous éloigner de mes parents, tout d'abord. En effet, ma mère avait une totale mainmise sur Jérémie qui a évidemment été persuadé d'être le plus beau, le plus intelligent, le plus capable, etc. Ainsi faisait-elle mal à mes trois enfants, pour des raisons différentes : seul Jérémie comptait.

Romain ne voyait pas la nécessité de déménager.

7

J'organisais ma vie. Je me suis mise à apprendre à mieux jouer au bridge avec une amie. Tout de suite, je fus attirée par ce jeu de logique et d'instinct. Anne et moi nous sommes lancées dans les tournois de Club ; nous prenions des gamelles effrayantes. Une autre amie m'a entraînée dans des cours beaucoup trop forts pour mon niveau. Néanmoins, j'ai rapidement perçu que j'étais trop captivée par ce qui n'est qu'un jeu. J'ai cherché un contrepoison et me suis engagée bénévolement dans un atelier pour personnes handicapées ; j'y passais deux jours par semaine et trouvais bien ma place ; j'ai beaucoup appris ; l'écoute, la patience, la présence à l'autre.

J'ai également organisé une entraide pour les parents du collège dont faisaient partie mes fils. J'avais transformé l'annuaire des noms de famille des élèves écrits par ordre alphabétique, en annuaire par rues, sur fiches. Ainsi, à chaque rentrée scolaire, les mamans nouvelles, pouvaient-elles trouver rapidement des familles proches de chez elles et organiser des covoiturages. Le collège ne comportait pas de demi-pension pour les plus jeunes.

Très rapidement les enfants allèrent déjeuner les uns chez les autres, à tour de rôle.

Une bonne équipe de mamans bénévoles a mis au point d'autres services : ventes de livres scolaires, occupations pour les élèves attirés par la musique, classes de neige qui n'avaient pas encore été organisées, etc.

Mon nom était inscrit sur la feuille d'information, à chaque rentrée scolaire, ce qui me valait des coups de téléphone fréquents et tardifs, à domicile, en plus des permanences à la sortie des classes. A sept ans, Jérémie donnait le bain à sa petite sœur. Un soir, j'étais retenue au téléphone et, tout bas :

Maman, avec les haricots verts, je peux mélanger des tomates ?

Cette fois-là, il me fallait résoudre une difficulté avec une mère « nouvelle » très récalcitrante, au sujet de l'inscription aux Musigrains qui initiait les petits à la musique. J'ai pris contact par téléphone :

– *Bonjour madame, je m'occupe de l'entraide du petit collège de nos enfants, et je remarque une croix devant votre nom. Avez-vous une difficulté ?*

– *Bien sûr que j'ai une difficulté avec Madame Untel qui s'occupe des Musigrains. Elle se moque de moi. C'est nul ! Il est inadmissible de me demander un versement d'argent au début de l'année scolaire pour inscrire mon fils...*

l'organisation est lamentable, et il n'est pas question que je...

J'arrive à m'insérer :

– Madame, je comprends très bien votre souci. J'ai une idée à vous soumettre. Vous me montrez que vous possédez un sens précis et efficace de l'organisation et je note avec plaisir que pour la rentrée prochaine nous pourrons faire appel à vous...

Le ton a baissé, d'un coup !

– Ah, mais non !... pas du tout... je ne pourrai pas... A quel ordre dois-je adresser mon chèque ?

Vive le bénévolat !

Mon temps était bien rempli. Certes, cela ne me donnait pas le minimum pour être heureuse. Romain, lui, ne pouvait manifestement pas changer d'un iota sa façon d'être. Je lui avais depuis longtemps et plusieurs fois, proposé de consulter seul ou à deux, un conseiller conjugal. Il a toujours refusé. Je lui ai ensuite demandé d'aller consulter un médecin qui pourrait l'aider à mieux vivre. Pas question. Il faisait toujours preuve d'une maladresse que je supportais de moins en moins. Il se noyait dans le stress et le drame, et m'entraînait avec lui. Plus je me sentais mal, plus je m'en prenais à mon second fils... que j'ai injustement traité, puni, et même battu...

Parce que je ressemblais à papa

m'a-t-il dit, il y a trois mois… Il a raison : je m'en prenais à lui en le « confondant » avec son père. Toujours un grand sentiment de culpabilité, des dizaines d'années plus tard… Je lui ai demandé pardon, je ne sais pas s'il m'a entendue.

J'étais sans cesse en recherche d'un mieux dans l'organisation de notre vie, en priorité, ne plus partager la même chambre… J'acceptais l'idée d'un même toit, mais pas du même plafond… Au bout de dix ans, j'ai fini par faire consentir Romain à l'idée d'un déménagement, malgré les interventions multiples de ma mère auprès de lui. J'étais en progrès sur ce plan là.

Romain me reprochait de l'empêcher d'accomplir son devoir sur terre (et mon père au jardin de Bagatelle ?) Il n'avait pas l'esprit assez libre, par ma faute, pour travailler efficacement. Son rôle sur terre était de

Faire fonctionner ses cellules grises, pour leur meilleur rendement.

Mes états d'âme l'en empêchaient.

En plein marasme, j'étais allée voir mon père pendant une cure de thalassothérapie de ma mère Je m'étais ouverte à lui, décrivant mes difficultés, ma tristesse, mes désillusions, mon impossibilité d'aimer Romain… depuis le jour de mon mariage. Il n'a pas même hésité:

Mais enfin, Romain est un être merveilleux.

Et tu as les meilleurs parents du monde. De quoi te plains-tu ?

TU AS LES MEILLEURS PARENTS DU MONDE

Très souvent entendu : « du monde ». Comment pouvoir se dire ça le plus sérieusement **DU MONDE** et en être apparemment convaincu ? Je le leur ai dit, à mes parents, quelques temps plus tard… avant qu'ils me rayent de la surface de la terre et du ciel.

Nous avons déménagé, ce qui nous éloignait un peu de mes parents, géographiquement. Les enfants grandissaient. Je donnais des cours de bridge à domicile et dans une association. Pierre Arthuis venait parfois à Paris et nous l'invitions à dîner. S'est nouée entre nous une belle relation amicale. Romain s'en est trouvé jaloux et m'a demandé-ordonné de ne plus voir les Arthuis. J'ai immédiatement accepté, espérant que lui-même ferait un effort en allant voir un psy, par exemple. Niet :

Pas besoin

J'ai obéi et imposé à Pierre un « désert » complet : plus de visite chez nous, plus de lettres, plus de coups de téléphone, rien. Je voulais me mettre au point avec moi-même. Je voulais pouvoir analyser ma situation, seule, sans interférences qui risqueraient de parasiter mes réflexions.

Dans ce nouvel appartement, je me sentais mieux sur un seul point : deux chambres séparées. Ma vie était assez chargée : je faisais le travail « alimentaire » et fastidieux d'une chère amie, Marie Aimée, si fragile, afin qu'elle puisse suivre des cours de bibliothécaire. Je recevais nos amis de la cagnotte de bridge quand et comme il le fallait. Le matin, je sortais Poker, le chien de Jérémie qui, bien entendu, n'avait pas le temps de le faire lui-même.

Poker avait le sens de l'humour et nous allions ensemble au bois de Boulogne. Nous avions nos jeux :

– Je me cache, tu me trouves ;

– Je plonge dans le lac

– Non...je n'ai pas les pattes palmées, moi, vas-y...

Un matin, après un bon moment de galopades-baballe, je m'assieds sur un banc ; Poker tire un peu la langue, penche une oreille et ne demande qu'à continuer. Une femme superbe passe devant nous, elle porte un magnifique manteau de fourrure à très longs poils, un lévrier afghan, à très longs poils assortis, marche à ses côtés. Elle s'arrête, regarde Poker et mes jeans-baskets.

– Il est amusant votre chien !

– Oui très ! De plus, il a un grand sens de l'humour !

Le lévrier ne voulait pas frayer avec nous, il s'est posté un peu à l'écart.

– Mais, excusez-moi, Madame, votre chien... quelle race ?

– Enfin ! Madame, c'est un labraquegneuil irlandais !

– Ah oui, bien sûr ! Où avais-je la tête ?

La dame est repartie, penaude. Poker multi-race m'a fait un grand clin d'œil et offert son sourire babines-retroussées. Il révisait la longue lignée de ses ancêtres. Nous sommes rentrés au petit trot, très heureux de notre coup.

Tout cela n'arrange en rien ma vie...

1975

STOP. FINI. FINI.

JE NE PEUX PLUS VIVRE CETTE VIE

QUI N'EN EST PAS UNE.

Un rideau noir s'ouvre brutalement sans prévenir, pourtant, il y avait eu des signes avant-coureurs...

Je suis obligée de voir clair. Je m'étonne moi-même ; je ne savais pas que je serais capable, un jour, de ne plus me voiler totalement la face. Mais ce n'est pas moi qui ai tiré ce rideau : il n'en pouvait plus d'être contraint de rester fermé, il s'est déchiré ; les attaches se sont rompues. Mes défenses, mes résistances ont abdiqué d'un coup. Ma coquille, après s'être parfois seulement craquelée, a entièrement explosé, au point de ne pas pouvoir être rafistolée. Je répétais sans fin tout haut :

FINI, c'est FINI...

Je ne pouvais plus me cacher derrière des espoirs auxquels je ne croyais pas. Ma ténacité, mes tergiversations, ma présomption, mon orgueil, balayés brutalement.

Fini, la tête sous l'aile. STOP.

L'échec de ma vie ne pouvait plus se cacher derrière le rideau. J'acceptais enfin de m'être fourvoyée dans cette impasse de vie-qui-n'en-était-pas-une. Oh ! Quel choc !

Je faisais comme je pouvais les gestes de tous les jours, un automate ; je ne pensais que : FINI STOP, un refrain de chant dramatique, sans couplets ; je ne détaillais pas. Je respirais au minimum, à la surface de mes poumons. Je suffoquais souvent, en pleurs que j'arrivais parfois à endiguer, pour mes enfants. J'arborais une figure lamentable ; je ne m'appliquais plus à toujours cacher mes larmes...

Non, Monsieur Coué, votre méthode n'est pas infaillible.

Ça ira mieux demain, ça ira mieux ce soir,

ça ira mieux tout à l'heure

Je l'avais répétée en moi-même depuis... quand ? Depuis plus de quinze ans, et même depuis ma tombée sur la terre, pour d'autres raisons : quelle lâcheté, en fait ! Faire l'autruche est souvent nécessaire pour vivre, encore faut-il arriver à vivre.

Vivre : savoir qui je suis, connaître mes besoins, ne pas brider mes envies. Accepter le fait que j'ai le droit et même le devoir de vivre heureuse. Ne pas dépendre de l'opinion des autres. Le droit, le devoir, certes, mais la possibilité ? Devant ce rideau bien ouvert, la cargaison de mes échecs a surgi, et gisait devant moi.

Arriver à me trouver quelques points positifs, comme je l'ai fait parfois en faisant des blagues, en faisant rire, en ne me laissant pas abattre, en me permettant des réparties bien ciblées, je n'y arrive plus. Rire ? Connais plus.

OUI, FINI !

ET MAINTENANT ?

Les acteurs de théâtre parlent du trou noir de la salle devant eux. C'était identique pour moi : je suis devant un trou noir sans fin, sans fond, sans avenir. Comment continuer à vivre, sur tous les plans ?

Je veux fuir, facile à dire...

Je veux vivre seule, et mes enfants ?... 14, 13 et 9 ans...

Je ne supporte plus quoique ce soit de Romain... Un hic de taille : il me fait « vivre » ; du point de vue pécuniaire, j'en ai besoin... C'est lamentable et peu digne. Je n'ai pas de métier, je ne peux pas me faire vivre, moi-même ; d'ailleurs, je ne veux plus vivre...

Je ne finirai pas ma vie avec toi

lui avais-je dit au bout de cinq ans de mariage. Moi je m'en souvenais bien, et lui ?

En voiture, je me posais sérieusement la question de savoir si j'allais prendre le virage au bout de la route, ou si j'allais accélérer et continuer tout droit. Je ne jouais pas. J'avais un mal fou à me lever et à me nourrir. J'avais des nausées quasi permanentes. Je me traînais. Quelle maman ! Mes enfants souffraient, évidemment. Je n'étais bonne à rien... Pendant trois ans, j'ai ainsi traîné la vie sans vivre, encore moins qu'avant l'ouverture du rideau. Je refusais pourtant de considérer que j'avais besoin d'une aide médicale.

Eté 1979. Je suis allongée sur la plage de Carnac où je passe régulièrement le mois de juillet avec les enfants. Le soleil et la mer : tout ce que j'aime. J'en ressens un bien physique oublié depuis des années. Les enfants s'occupent bien, entre tennis et voile avec des amis. Brusquement, je suis profondément agressée par un bruit qui m'est insupportable : le ponçage des volets d'une villa juste derrière la plage... J'en hurlerais de douleur dans tout mon corps. Je réunis mes affaires et me dirige directement vers la cabine téléphonique, au bout de la plage. Notre médecin de famille, qui nous avait soulagés des épinards, mon frère et moi, est heureusement disponible. Je crie presque :

– Je suis sur la plage,

je ne supporte pas un bruit de ponceuse.

J'éclate en sanglots. Je suis perdue, malade de mal-être.

– Ah ! Clémence, enfin... Il y a des mois que j'attends ce coup de téléphone. Vous faites une vraie dépression nerveuse, depuis plusieurs années ; il fallait un déclic pour que vous arriviez à appeler au secours. Il faut vous faire soigner : ne vous inquiétez pas, appelez-moi demain, je vais trouver le médecin dont vous avez besoin et qui sera à Paris au mois d'août.

Cette coquille tenace enfin en morceaux, je la piétine. Quelqu'un s'occupe de ce que je ressens. Le début d'une naissance... Rentrée à Paris, je vais consulter le Docteur

Fourcade avec qui mon médecin avait pris un rendez-vous pour moi. Je n'en mène pas large, mais suis en confiance : il va prendre soin de moi, il va m'écouter. Je lâche tout.

De plus, il parle, lui aussi :

– J'ai rarement vu quelqu'un d'aussi sain que vous…

– ??? Si vous saviez le bien que ces mots me font… comment pouvez-vous dire ça ?

– Vous exposez et analysez clairement les faits, avec méthode et lucidité

– Dites-vous ça systématiquement à tous vos patients ?

– Mais non ! Je vous assure que non.

…

– Sachez que dans un cas de dépression nerveuse, due à un problème conjugal, c'est toujours celui qui n'en a pas besoin qui consulte un psychiatre.

– Pourquoi ?

– Celui qui en a le plus besoin n'en a pas la force.

Holà! Même s'il exagère un peu, il me fait un bien que je n'ai pas ressenti depuis… quand ? Des larmes : je ne résiste plus. Nous parlons longtemps, nous définissons une thérapie, enfin, lui, plutôt que moi ! Je n'ai pas envie de me lancer dans une analyse et d'ailleurs il ne me le conseille pas. Nous convenons que j'irai le voir au moins deux fois par semaine. Il me prescrit des médicaments pour m'aider à dormir et me calmer, il m'explique le processus. Nous continuons à parler, moi, lui aussi : je n'aurais pas supporté d'être assise en face d'un « muet ». Quel besoin d'échanges directs ! Il l'a bien compris. Je suis restée longtemps dans son cabinet.

Le rythme de deux fois par semaine me va bien.

Quelque temps plus tard il avait précisé :

– *Dès que vous n'arrivez plus à nicher un peu d'humour dans ce que vous vivez et ressentez, téléphonez-moi tout de suite.*

– *Pourquoi ?*

– *Chez vous, l'humour est primordial, c'est le baromètre qui montre si vous arrivez ou pas à prendre suffisamment de distance avec ce que vous vivez, pour ne pas trop souffrir et ne pas vous mettre en danger...*

Voilà qui me plaisait bien !

J'ai consulté ce médecin pendant des années, à des rythmes différents. J'ai malgré tout plongé très bas, il voulait m'hospitaliser... Je refusai : une vraie tête de mule. Ça m'a peut-être aidée à avancer vers la guérison, vers ce que j'appelle ma naissance... Une naissance n'est pas aussi brutale, ni instantanée qu'un rideau qui se déchire. Elle se prépare longuement. La mienne a pris des années. La gestation dure vingt deux mois chez les éléphants et trois ans et demi chez des vieux requins, c'est tout de même moi qui gagne !

Nos entrevues ont duré au moins cinq ans, à des rythmes espacés, suivant les circonstances et ma façon de les vivre. Un jour où j'avais un réel besoin de le voir, il m'a reçue, allongé sur un divan, lui, pas moi ! Il souffrait d'un lumbago terrible...

Pendant l'une de ces années, dans une petite boutique du Marais, j'ai exposé des panneaux de tissus cousus, que le médecin m'avait fortement encouragée à composer et montrer. Ce n'était pas du patchwork, mais quelque chose d'innommé ; pas tellement innommable, puisque j'en ai vendu, non seulement à des amis complaisants, mais aussi à des inconnus. Le docteur Fourcade est venu au vernissage. Sa venue m'a fait un très grand plaisir. Une idée positive de moi et de mes possibilités s'insinuait peu à peu, et prenait une place que je n'avais jamais imaginée. Le sentiment de mon incompétence s'estompait parfois. Je me redressais ; j'apprenais à me connaître, à ne pas me dévaluer ni me laisser dévaluer comme je le faisais depuis mon plus jeune âge. Ma naissance faisait son chemin.

J'avais osé parfois quelques expériences qui me faisaient avancer dans ce sens, comme celle du type qui s'était

Plus souvent assis sur le dictionnaire qu'il ne l'avait ouvert.

Mais j'avais pris mes réparties pour des explosions d'agacement exacerbé et non comme les signes d'une possible confiance en moi.

Autre exemple de mes accès brutaux de « déploiement ».

Au tout début de notre mariage, mon frère et ma belle-sœur nous avaient conviés à un diner très parisien donné chez ses parents à elle. Quatorze personnes bien choisies. Je m'étais retrouvée assise, muette évidemment, à côté de l'un de ces messieurs très importants, (peut-être ?). A cette époque-là, j'avais bien sûr, les pieds en dedans et la bouche ouverte : une dinde... Heureusement, mes deux voisins de table ne m'adressaient pas la parole. Celui de droite a dû, à un moment, ressentir un zeste de bienséance ; il s'est adressé à moi :

> – *Et vous, chère Madame, avez-vous une occupation intellectuelle*
>
> ***ou bien** vous occupez-vous de vos enfants ?*

Du tac au tac :

> – *Oh moi, vous savez, je suis l'idiote de la famille,*
>
> *la sœur de Maxime ; l'intelligence, c'est pour lui*
>
> *il a tout pris, moi j'en suis totalement démunie.*
>
> *Je fais office de bouche-trou ce soir...*

Ce crétin a pris ma réponse au tout premier degré ! Il a été tellement estomaqué qu'il s'est retourné vers son autre voisine et ne m'a plus adressé la parole ! Toujours ça de gagné ! J'étais assez fière d'avoir été capable de me fout... de lui, sans aucune difficulté. Ce soir-là au moins, je m'étais aperçue que j'avais du répondant, malgré ma timidité. On parle du culot des timides...

Plus tard chez d'autres amis, encore un type qui pérore :

Moi je, moi je, moi je suis PDG de mon entreprise de laiterie ;

depuis peu, j'en suis devenu le PDG ;

et en tant que PDG...

Les autres convives subissent, pas moi :

Ah ! J'ai trouvé : PDG : Petit Distributeur de Gruyer...

J'ai téléphoné le lendemain à mon amie, pour lui demander de m'excuser... elle en riait encore !

Après quelques années d'échanges bénéfiques avec ce psychiatre, je pus enfin me laisser aller à envisager l'avenir. Que voulais-je faire ? Comment vivre ? Pour commencer, qui aimerais-je voir ou revoir ? Ma pensée est allée, entre autres, vers Pierre Arthuis que je n'avais ni vu, ni entendu, ni lu depuis si longtemps. Romain me l'avait demandé, et de mon côté, j'avais ressenti un trouble étrange.

Cet Arthuis m'avait intriguée depuis le jour où je m'étais étonnée d'aussi bien comprendre ce qu'il disait. Il était particulièrement amusant. J'ai pris contact avec un de nos amis communs. Il m'a confié qu'il trouvait Pierre sombre, depuis plusieurs mois. Nous avons renoué. Il confirma qu'il avait beaucoup souffert de ce désert imposé. Il avait parlé à un prêtre qui connaissait bien mes parents :

Ah non !

Cette sale bonne femme ne va pas bousiller sa fille

comme elle l'a fait avec son mari...

Ces termes peu élogieux désignaient ma mère, bien sûr, cette femme qui a toujours régné sur tout. Comment trouver autant d'assurance dans une nature si peu équilibrée ? Pierre n'avait été qu'à demi étonné du jugement sévère de ce prêtre. Son grand père Albert avait une appréciation précise de ma mère. Il l'exprimait à sa manière, à mots couverts, néanmoins éloquents :

Tu connais Madame Driant...

Non, Pierre ne la connaissait pas vraiment ! Moi non plus, d'ailleurs.

8

En 1988, Romain et moi sommes priés de nous présenter chez mes parents qui ont

Quelque chose d'important à nous dire.

Je ne comprenais toujours pas pourquoi ils nous avaient tenus à l'écart de notre famille, Maxime et moi. J'en ai eu une explication à l'âge de 48 ans ! Et pourquoi à ce moment-là ? Maxime était en disgrâce auprès des parents à cause d'une affaire compliquée de changement de leur contrat de mariage. Du coup, comme sur la balance de Roberval, mon plateau personnel remontait. Le lien est lointain et tordu, comme toujours.

Romain et moi nous rendons au rendez-vous.

Ma mère prisait le merveilleux, le solennel et le sensationnel. Installés dans leur beau salon, nous l'écoutons. Mon père ? Pas un mot... Gagné ! Elle nous raconte le merveilleux début de leur vie, leur conte de fée, merv... Elle s'était mariée très jeune à un homme qui n'en était pas un.

Tu te rends compte, un homosexuel !

Elle s'était réfugiée chez ses parents, après trois mois d'un mariage désastreux. Daddy et ma grand-mère l'avaient recueillie au Maroc où mon grand-père gendarmait à l'époque. Et là, quelques mois plus tard, hop-la ! Un superbe ingénieur des Ponts et Chaussées, célibataire, est passé dans son horizon. Coup de foudre, promenades dans les rues de Marrakech, couchers de soleil dans l'Atlas et... l'annonce inattendue et catastrophique d'une grossesse. Très gros problème, et même, vrai drame : ma mère non encore divorcée bien sûr, la future carrière entachée de mon père, cet homme merveilleux, si l'affaire s'ébruitait etc. Ils vivaient une tragédie.

Ma mère continue ; cette naissance qui s'annonçait ne pouvait être divulguée,

Absolument pas.

Elle avait accouché en catimini à Nice, aidée par une vieille amie de la famille. (Le lieu et la date sont contredits, ainsi que l'homosexualité, vingt-cinq ans plus tard, par un de mes cousins qui lui, était au courant...peu m'importe). Maxime fut caché et élevé par nos grands-parents pendant au moins ses deux ou trois premières années. Jusqu'à sa mort, il a souffert d'un doute :

Suis-je vraiment le fils de ce père-là ?

Françoise Dolto ? Elle n'était pas encore connue, et de toutes façons...

136

Ma mère rattrape des années de silence :

Personne, tu entends, personne ne devait connaître cette histoire...

La carrière de ton père, tu comprends...

Le scandale

Bizarrement, cette information, que j'avais attendue depuis des années, me laisse froide. Je ne pense même pas à ces années de non-dit qui ont gâché mon enfance et suscité tant de questions. Je réagis peu et simplement :

Cette histoire est la vôtre, elle ne me regarde pas.

Maintenant, je comprends pourquoi

Maxime est parfois si troublé...

Je n'en dis pas plus. Romain n'a rien à dire. Mon père ne dit jamais rien. Nous partons. Je comprends enfin pourquoi nous avons été mis à l'écart ; nos cousins étaient au courant, bien sûr, et d'ailleurs beaucoup de monde autour de mes parents, savait ; mais nous, les premiers concernés, ne devions rien savoir. Bien sûr, mes parents ont été poursuivis toute leur vie par un insupportable sentiment de culpabilité. Il s'est enfin estompé bien des années plus tard, lorsqu'ils sont arrivés à faire reconnaître le mariage religieux de ma mère en nullité... Je ne néglige en rien le fait qu'ils ont beaucoup souffert de leur aventure passionnée. Ils se sont enfermés dans leur secret. Maxime avait cherché et trouvé ; il ne m'en a jamais parlé. Je le regrette et ne le comprends pas. J'ai été troublée pendant toute mon enfance par le silence, les mystères et leurs conséquences. La mise à l'écart de la famille, l'absence de fêtes, de photos, etc.

C'est après la mort de ma mère, qui est décédée la dernière, que j'ai pu connaître vraiment deux de mes deux cousines. Que de temps et de joies perdus....

Leur époque était plus intransigeante que la nôtre, prude, fermée, réglementée. La bonne réputation primait, surtout pour les carrières des hommes de valeur... Familialement, ils se sont débrouillés comme ils ont pu, en nous empêchant de voir notre famille qui aurait pu nous révéler leur histoire. Ils sont restés pratiquement toute leur vie sur le mode « passion ». Ils ont mis de côté tout ce qui n'était pas « eux-mêmes ». J'ai alors compris que pour eux, mon divorce n'était pas supportable. Je leur faisais revivre le sujet qui avait empoisonné leur vie. Néanmoins, le premier mariage de ma mère n'avait pas été « arrangé ». De plus, ses propres parents l'avaient recueillie...

Maxime a évidemment très mal vécu cette grande blessure d'avoir été caché et moi, j'ai obligatoirement souffert de mon sentiment profond d'encombrer mes parents. Leur besoin obsédant de me marier au plus vite, et au mieux pour eux, finit ainsi par s'expliquer. Le vivre a été nettement plus difficile...

Ni Maxime, ni moi n'avons été des enfants désirés. Pour Maxime, c'est évident. Quant à moi, j'ai senti très jeune que je ne les intéressais pas. J'en ai eu la preuve en triant des lettres et papiers après leur mort. Maxime voulait tout lire... Il se faisait mal. Je suis arrivée à l'en dissuader et à tout brûler. Mon père a connu d'autres femmes, surtout une, chez laquelle il vivait pendant la grossesse de ma mère et jusqu'à ma naissance. Je reste persuadée que j'ai été le « moyen » trouvé par ma mère pour retenir mon père...

Je sais que j'ai en moi, heureusement, un noyau dur indestructible. Je reconnais cette grande chance. Grâce à de nombreuses conversations avec ceux et celles qui m'ont prise au sérieux et acceptée dans leur affection, j'ai appris à connaître les limites de ce que je peux supporter, sans trop de dommages. Je pense que j'aurais pu ne pas vivre du tout et rester aplatie-bloquée comme lors de mes premières années. Je reconnais les difficultés vécues et subies par des parents passionnés par eux-mêmes. Ce qui ne veut pas dire que j'arrive à faire facilement table rase et « peau lisse » ; restent en moi des cicatrices.

Et ce chemin du pardon dont je parle au début ?... Le sujet est difficile.

Ce n'est pas parce que je suis arrivée à naître et vivre, que je ressens une vraie paix. J'ai écrit au début de ce récit que je suis sur le chemin du pardon. Jusqu'ici, dans ma conception du pardon, je pensais à un double mouvement, à une réciprocité : celui qui consent à le donner et celui qui accepte de le recevoir. Je butais évidemment sur la réalité : avec des morts, pas de réciprocité possible... Grâce à cette relecture de ma vie et avant tout de celle de ma « naissance à la vie », je découvre que je n'étais pas loin du pardon. Je me suis longtemps reprochée de ne pas y arriver et pourtant...

Le fait que j'aie fait les démarches d'aller voir mes parents et mon frère avant qu'ils ne meurent, ne veut-il pas dire que, finalement, je leur avais pardonné de m'avoir mise à la porte de leur vie ? Je n'ai pas renâclé à aller vers ceux qui m'ont fait mal. J'aurais pu rester dans une rancune paralysante et ne pas aller les voir.

En réalité, je confondais pardon et réconciliation.

Ce qui manquera toujours est la réconciliation, l'échange de paroles... plus personne n'est là.

Tu n'es plus notre fille, nous ne nous reverrons jamais.

Oui, ils ont tenu parole, en fermant leur porte et leur cœur, en conservant leur colère, leur indifférence (à laquelle je n'arrive pas à croire à 100%), leur déception. J'ai moi-même gardé, sans les entretenir, (pas de masochisme !), des sentiments d'injustice, de bêtise, de violence, même muette, pendant des années. Certes, j'avais réussi à naître, non sans mal, à vivre en respirant...mais pas totalement à fond. Le presque est cette petite épine qui m'égratignait en me disant que je n'arriverais jamais à pardonner.

Tous les trois sont morts.

Heureusement, je suis arrivée à pénétrer chez mes parents et prendre la main de mon père dans les miennes, quelques jours avant sa mort : il ne bougeait ni ne parlait depuis plus d'un an... Il m'a vraiment *semblé* qu'il réagissait à la pression de ma main... Gardons cette impression. Il est décédé trois jours plus tard, alors que je venais d'arriver à Rome, voyage prévu depuis longtemps. Rome : ce n'est peut-être pas anodin... Son enterrement a été vécu par moi comme l'enterrement du père de mon frère... Tout était préparé sans moi, très bien préparé, d'ailleurs...

La mort de ma mère est survenue à l'hôpital à Paris, où Maxime m'avait conduite, avant sa décision de ne plus me voir. Au service de réanimation, elle était agitée. Je n'ai pas fait un seul geste vers elle. Elle était tellement démunie, je la reconnaissais à peine. Je ne ressentais rien.

Trois jours plus tard, rentrée à Metz, j'assiste à un concert donné à l'orgue en nid d'hirondelle, si touchant d'humilité dans cette cathédrale haute et spacieuse. Le soleil du soir traverse les vitraux colorés, caresse les pierres blondes, atteint l'orgue et rejoint les fugues lumineuses de Bach. A ce moment-là, une phrase traverse mon esprit. A mon étonnement, je m'adresse à ma mère :

*Il va bien falloir que **tu** lâches prise...*

La première fois que je la tutoyais.

Quelques minutes après mon retour chez moi, le téléphone sonne. Maxime m'annonce son décès survenu une heure plus tôt :

Je sais...

Maxime a été surpris ; je lui ai raconté ce qui s'était passé en moi. Il a parlé de

Mystère.

Ma mère qui m'avait chassée du « ciel », est décédée au moment où j'écoutais des cantates de Bach dans une cathédrale ensoleillée.

Je suis allée voir Maxime trois mois avant sa mort. On avait fini par déceler une tumeur au cerveau. Il ne m'a pratiquement pas regardée, il cherchait Brigitte à qui j'avais demandé de quitter la chambre. Je lui ai posé une question

Te sens-tu en paix ?

Il ne s'exprimait plus que par quelques gestes. Il m'a fait comprendre

Oui.

Ces trois « manifestations ou absences de manifestation » sont maintenant, pour moi, suffisantes pour que j'estime avoir parcouru le chemin du pardon. Depuis que j'ai fait cette différence entre pardon et réconciliation, l'épine cachée dans mon cœur a disparu. Je peux enfin ressentir cette paix vers laquelle je tendais sans l'atteindre, à cause d'un amalgame de sens.

Il n'existera pas de réconciliation. Je l'accepte sans difficulté.

EPILOGUE

Je termine ces quelques pages en 2014. Quand suis-je vraiment née ? Je ne suis pas une rapide ! Naître en 1975, dans la douleur, quand j'ai constaté et consenti à l'ouverture du «rideau». Pour moi, le processus de la naissance a duré des années, avec quelques essais, ratés, de sortie de ma coquille, lorsque je me laissais aller à dire ce que je pensais, parfois méchamment. C'était une satisfaction : je pouvais, dans ces circonstances, croire que je n'étais pas totalement inerte. Début de naissance à 35 ans...

Une fois cette renaissance accomplie, Pierre est entré véritablement dans ma vie. C'est après nos divorces respectifs que nous avons pu nous marier ...

Je souhaite à tous les lecteurs de ce livre de vivre à leur tour leur histoire d'amour, de CHOISIR leur vie et d'accéder enfin au bonheur...

Voilà trois décennies que Pierre et moi vivons ensemble. Grâce à son amour, à notre amour, je suis devenue enfin moi-même. Il m'a révélée, il m'a fait me connaître et vivre ce « moi » que j'ai si longtemps cherché sans pouvoir le trouver. Je sais maintenant qui je suis, tout en m'étonnant parfois et en l'étonnant également. Je peux toujours être abrupte et dure dans mon expression. Sous des dehors assez raides, je peux aussi me révéler fragile, vulnérable, tendre, même ! Mes cicatrices sont fermées, parfois indisciplinées… Elles ne demandent qu'à se rouvrir. Je les connais et les guette ; elles n'auront pas le dessus !

J'espère que pour Pierre, le positif l'emporte, dans les découvertes de sa Clémence – « Mickey ». Ce dernier surnom est celui qu'il me donne avec toute sa tendresse.

Imprimé en europe
Dépôt légal Décembre 2014

EDITIONS
LIS MA VIE
20 avenue Pasteur
L-2310 Luxembourg

www.lismavie.com

Isbn : 9782919779154